訳文庫

実践理性批判 1

カント

中山元訳

kobunsha
classics

光文社

Title : KRITIK DER PRAKTISCHEN VERNUNFT

1788

Author : Immanuel Kant

凡例

本訳書ではアカデミー版（Kants Werke, Akademie Textausgabe, V, *Kritik der praktischen Vernunft*, Walter de Gruyter & Co.）を底本とし、ズアカンプ社版の全集を参考にしている。

訳語については、『純粋理性批判』の場合と同じように、できるだけカントの定訳となっている訳語を使うのを避けている。「悟性」（Verstand）は「知性」と訳し、「傾向性」（Neigung）は「心の傾き」と訳す。認識論が中心だった『純粋理性批判』では「格律」（Maxime）は「主観的な原理」と訳したが、道徳論である本書では「行動原理」と訳す。

なお、この訳書では、内容に応じて適宜改行しており、すべての段落に番号と小見出しをつけた。解説での引用は段落番号で示した。

また原文の隔字体（ゲシュペルト）とゴチックによる強調のどちらも、傍点で示してある。〈 〉で囲んだところは訳者による強調、［ ］で囲んで挿入したところは訳者による補足である。（ ）で囲まれたところはカントの言葉である。なお、命題の原注は（注）のように記載して段落の直後に（004n）のような形式で、また訳注は（1）のように記載してまとめて本文の最後に掲げた。

翻訳された文章の引用にあたっては、既訳の訳文を参考にしたが、多くの場合、訳し直していることが多い。

『実践理性批判　1』　目次

『実践理性批判 2』の目次

実践理性批判 1

序

001　本書の目的

思弁的な理性の批判を純粋理性批判と呼んだのと同じように、［この書物も純粋実践理性批判と呼んだほうが、ふさわしいように思われるにもかかわらず、］この批判を純粋実践理性批判とせず、たんに実践理性一般の批判とした理由は、本書をお読みいただければ、理解していただけるだろう。本書は、純粋実践理性というものが存在することを明らかにしようとするだけのものであり、この意図によって、理性の実践的な能力の全体を批判しようとするのである。

この意図が実現できれば、この批判は純粋な能力そのものを批判して、理性がこうした純粋な能力によって、僭越にもみずからの権限を超越することがないかどうかを調べる必要はないのである（思弁的な理性の場合には、こうした超越が発生していたのである）。理性が純粋な理性として実際に実践的であるならば、理性はみずからの実在性とその概念の実在性を、その行いによって証明するからであり、純粋な理性が実践的でありうる可能性を否定しようとするすべての詭弁が無用になるからである。

002　超越論的な自由の確立

この能力とともに、超越論的な自由もまた確立される。思弁的な理性は、因果関係による結びつきの系列において無条件的なものを考えようとすると、〔『純粋理性批判』で示されたように〕どうしても二律背反に陥らざるをえなかったのである。思弁的な理性が因果性の概念を使用する際に、この二律背反に陥らないようにするためには、思弁的な理性に絶対的な意味での自由がそなわっていることが必要だった。思弁的な理性はこの〔超越論的な〕自由の概念を、それを考えることが不可能ではないという不確定な形でしか確立することができなかったのであり、その客観的な実在性を保証することはできなかった。理性はこの自由を少なくとも考えることが可能なものと認めざるをえなかったのである。それを不可能なものと主張することは、理性の本質を危険にさらすことであり、それによって懐疑主義の深淵に沈むことを避けねばならなかったのである。

003　神と不死の概念の確立

自由の概念は、実践理性の必然的な法則によってその実在性が証明されるならば、思弁的な理性を含めた純粋理性のすべての体系全体の構築物の要の石となるのである。そして思弁的な理性においてはたんなる理念として提示されただけで、それを支える柱のなかった他の二つの概念、すなわち神の存在と「人間の霊魂の」不死の概念も、ついにこの自由と結びついて、この自由の概念とともに、この自由の概念によって、みずからの存立と客観的な実在性を獲得するようになる。自由の概念が現実的なものであることによって、これらの概念の可能性が証明されるのである。というのもこの自由の理念は、道徳的な法則によって、みずからを開示するからである。

004 神と不死の理念

しかし思弁的な理性のすべての理念［神、不死、自由］のうちで、自由はまたわたしたちがそれを洞察することはできないとしても、その可能性をアプリオリに知っている唯一の理念である。というのも、自由はわれわれが知っている道徳的な法則の条件（注）にほかならないからである。これにたいして神と不死の理念は、道徳的な法則の条件ではなく、この法則によって規定された意志の必然的な客体の条件、すなわち純粋な理性のたんなる実践的な使用の必然的な客体の条件にすぎないのである。

わたしたちはこれらの理念の現実性どころか、その可能性すら認識するとか洞察すると主張することはできない。それでもこれらの理念は、道徳的に規定された意志を、その意志にアプリオリに与えられた客体（すなわち最高善）に適用するための条件となるものである。だからこれらの理念の可能性を理論的に認識し、洞察することはできないとしても、こうした実践的な意味では想定することができるのであり、また想定しなければならない。実践的な観点からは、内的な不可能性（矛盾）をそなえていないだけで、この理念が可能であることを要求することができるのである。

思弁的な理性と比較すると、ここには何かを〈真とみなすこと《フュアヴァールハルテン》〉の主観的な根拠があるにすぎないが、この根拠は純粋な実践理性には客観的に妥当するのである。これによって神と不死の理念は、自由の概念を通じて客観的に実在的なものとなり、こうした理念を想定する権限だけでなく、［想定する］主観的な必然性（これは純粋理性の必要とするものである）までが生まれるのである。しかしだからといって、理性の理論的な認識が拡張されるわけではない。たんにそれまで問題にすぎなかったものが、ここでは断言される可能性が生まれたのであり、こうして理性の実践的な使用が、理性の理論的な使用の諸要素と結びつくのである。わたしたちが思弁において理性の利用を完成させるべく登りつめようと意欲するときに、恣意的な意図のもとで、何かあるものを想定する必要が生まれることがあるが、この純粋理性の必要とするものは、このような意図から生まれた仮言的なものではない。何かを想定することが法則的に必要となるのであり、これを想定せずには、わたしたちがみずからのふるまいの意図として、必要不可欠とみなすべき事柄が、生起できなくなるのである。

004n　自由と道徳性の関係

（注）わたしはここでは自由を道徳的な法則の条件と呼んだが、本書の後の部分では、道徳的な法則こそが、わたしたちが自由を初めて意識することができるための条件であると主張することになる。そこで読者が議論に整合性が欠けると考えることがないように、次の点に注意を促しておきたい。自由はたしかに道徳的な法則の存在根拠《ラティオ・エセンディ》であるが、道徳的な法則は自由の認識根拠《ラティオ・コグノスケンディ》なのである。というのも、もしもわたしたちの理性において道徳的な法則が前もって明確な形で考えられていなかったならば、わたしたちには（たとえそれが自己矛盾を含まないとしても）自由のようなものが存在することを想定する権限があるとは考えなかっただろう。しかし自由が存在しなければ、わたしたちのうちに道徳的な法則をみいだすことはできなかっただろう。

005　批判哲学の挑戦

しかしわたしたちの思弁的な理性にとっては、このような迂回をせずに、この課題をみずから解決することができれば、そしてこの解決を実践的な使用のための洞察として保存しておくことができれば、はるかに満足できることだろう。しかし人間の思弁的な能力には、そのようなことはできないのである。もしもこのような高尚な認識をそなえていると自画自賛する人々があれば、そうした人々はそれを隠しもっていないで公開し、吟味にゆだねて、尊敬されるべきであろう。

こうした人々が証明しようというのであれば、それは結構なことだ、証明するがよい。［もしも証明できたならば、］批判哲学は勝利者である彼らの足元に、すべての武器を投じて降伏するだろう。「彼らはなぜ立ち止まるのか？　それは彼らが望んでいないからである。望めば幸福になることができるだろうに」[1]。しかし彼らがそのことを望まないのは、実際には［証明することが］できないからだろう。それではわたしたちはふたたび武器を手にとり戻して、思弁が十分にその可能性を証明することのできない神、自由、不死の概念を、理性の道徳的な使用のうちに探しだして、それを理性の道徳的な使用のもとで基礎づけなければならないのである。

006 批判哲学の謎

これまで〈批判〉には大きな謎があった。わたしたちは感性の領域を超えたところでは、思弁におけるカテゴリーの使用に客観的な実在性を与えることを拒否したのであるが、それでいて純粋実践理性の客体にかんしては、カテゴリーにこのような実在性を認めることができるのはどうしてなのかが、疑問とされていたのである。この謎がここで初めて解かれることになる。というのも、これまでは純粋な理性の実践的な使用について、たんに名前だけしか知られていなかったために、どうしても整合性が欠けると考えざるをえなかったからである。

しかし本書でこれから純粋な理性の実践的な使用について完全に分析することによって［この不整合な状態が解消されるのであり］次のことが明らかになる。すなわち前記の［純粋実践理性のカテゴリーに］実在性を認めるということが意味するのは、カテゴリーを理論的に規定することや、認識を超感性的なものにまで拡張することを目指すことではないのである。これが意味するのは、この［実践的な理性という］観点からみて、カテゴリーにはつねにある客体がそなわっているということだけなのである。というのも、カテゴリーは必然的な意志の規定にアプリオリに含まれているか、それともその意志の規定の対象そのものと分かちがたく結びついているからである。こうして、整合性が欠ける状態は解消されたが、それは［カテゴリーである］かの諸概念が、思弁的な理性が必要とする使用方法とは異なる方法で使用されているからである。

さらに思弁的な［理性の］批判の整合的な思考方法が、次のような意味できわめて満足できる形で確証されることになるが、これはまったく予想していなかった副産物である。思弁的な［理性の］批判［すなわち『純粋理性批判』］では、わたしたち自身の主体［主観］までを含む経験の対象そのものを、たんなる現象として妥当するにすぎないものと考え、現象の根底に物自体を想定した。これによってすべての超感性的なものが虚構であるとか、超感性的なものについての概念が空虚なものだとみなして警戒すべきではないことを教えたのである。ところがいまや実践的な理性は単独で、思弁的な理性に協力を求めずに、原因性のカテゴリーの超感性的な対象に、すなわち自由に、実在性を与えるのである（ただし自由を実践的な概念として、実践的にだけ使用すべきものとしてである）。このようにして、思弁的な［理性の］批判ではたんに考えることができるだけだったものが、事実によって確証されたのである。

思弁的な［理性の］批判では、思考する主体すらも、それ自身にとって内的な直観においてはたんなる現象にすぎないという奇妙な主張がされていたが、これは疑いようのないものだった。この主張が実践的な理性の批判において完全に確証されたのだった。そしてこの命題は、思弁的な［理性の］批判ではどうしても証明できなかったものである。それでもこれは、わたしたちがこの確証をどうしても承認しなければならないほどに確実なものなのである（注）。

006n　自由としての原因性と自然のメカニズムとしての原因性

（注）自由としての原因性と自然のメカニズムとしての原因性は、同一の主体である人間において確立されている。自由としての原因性は道徳的な法則によって、自然のメカニズムとしての原因性は自然法則によって、確立されているのである。しかしこの二つの原因性を結びつけるためには、主体である人間を、自由としての原因性においては存在者そのものとみなし、自然のメカニズムとしての原因性においては現象と

みなす必要がある。つまり存在者そのものとしての人間の観念は純粋な意識において、現象としての人間の観念は経験的な意識において、思い描く必要があるのである。このように考えなければ、理性の自己矛盾を避けることはできない。

007　二つの非難の解消

これまで批判にたいして向けられたもっとも重要な非難は、次の二つの軸を中心とするものであった。すなわち一方では、叡智的《ヌーメノン》な存在に適用されたカテゴリーの客観的な実在性が、理論的な認識においては否定され、実践的な認識においては肯定されていることへの非難があり、他方では、人間を自由の主体としては、叡智的《ヌーメノン》な存在とみなし、自然のうちでの主体としては、人間の経験的な意識における現象《フェノメノン》とみなすという逆説的な要求への非難があった。わたしは本書において、これらの非難が二つの軸を中心とするものである理由を理解できるようになったのである。

というのも、道徳性と自由について、明確に規定された概念が存在しないあいだは、わたしたちは現象の根底に何を叡智的《ヌーメノン》な存在として措定すべきなのかを理解できないし、他方ではこれまでの理論的な使用においては、純粋知性のあらゆる概念「カテゴリー」を、たんなる現象だけに適用してきたことを考えると、叡智的な存在《ヌーメノン》というものの概念をそもそも考えることが可能であるのかが、分からないのである。実践理性の徹底的な批判によって、初めてこうした誤解をすべて解消できるのであり、批判の最大の利点である整合的な思考方法を、さらに明確にものとして示すことができるのである。

008 自由の概念の重要性

純粋な思弁的な理性のさまざまな概念と原則については「『純粋理性批判』において」すでに批判が行われているにもかかわらず、改めて本書のさまざまな場所でこ検討している理由を説明するのは、このくらいにしておこう。別の場合であれば、こうしたことを検討するのは、これから構築すべき学問の体系的な進行にとって、不適切なものとなるだろう。というのは、ひとたび判断を下された事柄はただ公正に引用すべきであって、ふたたび議論の対象とすべきではないからである。しかし本書では、それは許されるべきであるだけでなく、また必要なことでもあった。なぜなら思弁的な理性の批判の場合と違って、理性がこれらの概念をまったく異なる形で使用するようになっているからである。こうした移行が行われると、それまでの使用と新しい使用を比較し、新しい使用方法と古い使用方法を十分に区別させ、さらに相互の関連に注目させる必要があるのである。

だからこの種の考察、とくに自由の概念について、しかも純粋理性の実践的な使用における自由の概念について改めて行う考察は、思弁的な理性の批判的な体系にまだ残されている隙間を埋めるためにだけ役立つ〈添え物〉のようなものと考えてはならない。というのも思弁的な理性の体系は、その計画としては完全なものだからである。急いで建てられた建造物では、しばしば後から支柱や支壁のようなものをとりつけることが行われるが、こうした考察はそのようなものではなく、体系の連関に注目させるための真の構成要素なのであり、これまでは［思弁的な理性の批判では］不確定なものとしか考えることができなかった諸概念［神、不死、自由］に、いまや実在的な意味がそなわっていることを理解させるためのものである。

この指摘はとくに自由の概念にあてはまる。自由の概念については、驚くべきことがある。［第一に］多くの人々が自由の概念を心理学的な観点から考察することで、その概念を十全に洞察し、その可能性を説明できると誇らしげに考えていることである。ところが超越論的な観点から詳細に考察してみれば、思弁的な理性を完全に使用するためには、自由の概念が不確定な概念として不可欠なものであること、しかしそれをまったく理解できないことに気づいたはずである。そしてそこから自由の概念を実践的に使用しようとするならば、その原則について、すでに述べたような概念の規定におのずから同意せざるをえないはずである（彼らはそのことをなかなか認めようとはしないのだが）。

自由の概念は、すべての経験論者にとっての躓きの石となるが、批判的な道徳哲学者にとっては、きわめて崇高な実践的な原則を解明するための鍵となるものである。批判的な道徳哲学者はそれによって必然的に、合理的な手続きを採らざるをえないことを認識するのである。そのためにわたしは読者が、［本書の］分析論の最後で自由の概念について語られていることを、飛ばし読みすることのないように求めたいのである。

009　分類の欠如の理由

本書では、純粋な実践理性の批判に基づいて、純粋実践理性の体系を構築したのであるが、この体系が実践理性の全体を正しく示すための適切な観点を見失わないように、わたしがどれほど努力したかは、こうした仕事に熟達した人々の判断に委ねるしかないだろう。この体系はたしかに『道徳形而上学の基礎づけ』を前提とする。それは『道徳形而上学の基礎づけ』において、義務の原理について読者に予備的な知識を与え、義務の特定の定式を提示して、その根拠づけを行ったという意味においてであり（注）、その他の事柄については、この体系は独立したものである。

思弁的な理性の批判［である『純粋理性批判』］では、［体系の］完全性のために［思弁的な理性の学問の］分類が行われたが、本書では、実践的な学問の分類は行われていない。それには、この実践的な理性能力に固有の特性による妥当な根拠がある。というのも、義務を分類し、義務をとくに人間の義務として規定するためには、こうした規定の主体である人間が現実に所有している特性について、少なくとも義務一般に必要なかぎりで、まず認識しておく必要があるからである。しかしこのように規定する作業は、実践理性一般の批判［である本書］の仕事に属するものではない。この実践理性一般の批判では、実践理性の可能性の原理と、その範囲や限界を定める原理を完全に示すべきであり、人間の本性との特別な関係は考慮に入れられないからである。だから分類は、学問の体系に属するものであり、批判の体系に属するものではないのである。

009n　道徳の定式の重要性

（注）ある批評家は、『道徳形而上学の基礎づけ』を非難しようとして、「この書物には道徳の新しい原理が示されているのではなく、新しい定式が示されただけだ」と評したが、この非難は、彼自身が考えている以上に、この書物の目的を言い当てたものである。そもそもすべての道徳の新しい原則を導入して、それを最初に発見したのは自分であると主張するような著者がいるものだろうか。そのように主張することは、著者がそれを発見するまで、人々は義務についてはまったく知らなかったとか、人々がまったく間違っていたとか言うことなのである。数学者にとって定式［＝公式］と

は、数学の問題を解くためになすべきことをきわめて正確に規定し、誤りのないようにするものである。数学者にとって定式がどれほど重要であるかを知っている人であれば、すべての義務に関してこれと同じ働きをする〈定式〉を、つまらないものとか、不要なものとか考えることはないだろう。

010 批評家への回答

真理を愛し、鋭く、それゆえにつねに尊敬に値するある批評家が、『道徳形而上学の基礎づけ』について「道徳の原理を考察する前に、善の概念が確立されていない」ことを非難した（注）。この批評家は、まず善の概念を確立する必要があると考えたわけであるが、これについては本書の分析論の第二章で答えており、わたしはこれで十分であると考える。また真理を発見しようという意志を抱いていることがうかがえる多数の方々から、さまざまな非難をうけたが、これらについても顧慮しているし、今後も怠りなく顧慮するつもりである。自分たちの抱いている古い体系しか考慮せず、何を是認し、何を否認するかを「その体系にしたがって」あらかじめ決めているような人々は、自分の個人的な見解の妨げになるかもしれない解明を求めることはないのである［から、こうした人々の非難には答えない］。

010n　欲求能力と快の感情の定義

（注）こうした非難とは別に、わたしが欲求能力の概念または快の感情の概念をあらかじめ説明していないという非難が加えられるかもしれないが、そうした非難は不当なものだろう。これらの概念については、心理学で説明されていることを想定すべきだからである。心理学では、これらの概念の定義をする際に、快の感情が、欲求能力を規定する根拠として使われるかもしれない（これは実際によくみられることである）。しかしそうなると実践哲学の最高の原理は必ずや、経験的なものにならざるをえないだろう。これは最初に解決すべき問題であり、この批判では完全に否定される考え方である。ただしわたしはこの問題を最初のうちは未決定のままにしておくべきだと考えるのであり、ここで必要な範囲で次のことを説明しておくにとどめる。

——生とは、ある存在者が欲求能力の法則にしたがって行動する能力である。欲求能力とは、ある存在者が心のうちに像を思い浮かべたときに、この像の対象を現実のものとするための原因となることができる能力である。快とは、対象あるいは行為が、生の主観的な条件と一致するという観念であり、言い換えれば、対象あるいは行為が、その像の客体を現実のものとするための原因となることができる能力と、すなわち主体の力を規定してその客体を生みだす能力と一致するという観念である。心理学から借りてきた概念の批判については、これで十分だろう。その他の点は、批判そのものが行うのである。読者はすぐに気づかれることと思うが、快がつねに欲求能力の基礎とならねばならないのか、それとも快とはある条件のもとで、たんに欲求能力の規定に伴うだけなのかという問題は、この説明では決定されないままである。この説明は、純粋知性のたんなる特徴《メルクマール》であるカテゴリーを使って定義しているのであり、ここには経験的な要素はまったく含まれていない。わたしたちは、概念を完全に分析してみる前から、大胆な定義を採用することで判断を先取りしてはならないのであり、こうした分析は、後の段階で初めて実行できることが多いのである。こうした配慮は、哲学全体においてきわめて好ましいことであるのに、なおざりにされることが多い。また読者は理論的な理性と実践的な理性の批判の全体の行程を歩み抜くことによって、哲学における昔ながらの独断的な考察の進め方に含まれる多数の欠陥を補い、さまざまな概念を理性の全体に関係させて理性を使用するまでは認識できなかった誤謬を、訂正できる機会が多いことに気づかれることだろう。

011　建築術による考察方法

人間の心にそなわるある特殊な能力について、その源泉と内容と限界を規定しようとするならば、心のさまざまな部分に注目し、それらを正確に、そしてわたしたちがすでに獲得している心についての認識の現状によって可能なかぎり完全に記述するしかない。これは人間の認識の本性からして避けられないことである。しかしこれとは別にもっと哲学的で建築術的な考察の方法がある。それは［人間の心の］全体の理念を正しく把握した後に、この理念に基づいて、この全体の概念から導きだした心のそれぞれの部分がたがいにどのように相互的な関係にあるかについて、純粋な理性能力において注目するという方法である。

このような吟味と確証の方法は、この体系を内的に熟知した者だけが遂行できるものである。最初の探求方法に飽きてしまって、もはやこうした知識を獲得することは、努力に値しないと考えるような人々には、第二の［建築術的な］段階においても［相互的な関係を］概観することはできないのである。この概観とは、すでに分析によって与えられたものを総合的に反省することだからである。こうした人々が［体系の］さまざまな場所で不整合なところを発見するのは驚くべきことではない。こうした不整合さから体系の欠陥を推定するかもしれないが、こうした欠陥は体系そのもののうちにあるのではなく、こうした人々の支離滅裂な思考方法から生まれたものなのである。

012 読者への挑戦

本書の記述にあたっては、新しい造語を使いたがる傾向があるという非難は、［妥当しないものとして］気にかけないことにした。本書の認識は、おのずと平易なものに近いものとなるからである。第一批判［『純粋理性批判』］については、たんにページをめくっただけではなく、内容を熟考した読者であれば、こうした非難を考えつくことはなかっただろう。言語のうちに、その概念を示す言葉が欠けているわけではないのに、新しい言葉を無理して作りだすのは、それが真の新しい思想のために必要でないかぎり、古い衣装に新しい布切れをつけて人目に立ちたいと願う子供っぽい営みにすぎない。だからあの書物［『純粋理性批判』］の読者が、わたしがあの書物で考えたよりも、もっと思想の内容にふさわしい平易な表現を思いつかれたならば、あるいはこうした思想の空しさと、こうした思想を表現する言葉の空しさをあえて示していただけるならば、わたしは感謝したいと思うものである。平易な表現で、わたしの思想がよりよく理解されることをわたしは望んでいるし、またわたしの思想の空しさが示されたならば、そうした人々は哲学に貢献することになるからである。しかしあの書物［『純粋理性批判』］で語られた思想が［空しいものではないとして］堅持されるかぎり、こうした思想にもっとふさわしく、もっとわかりやすい表現を見つけることができるとは、わたしには考えられないのである（注）。

012n　新語と語の正確な定義について

（注）わたしが表現の難解さよりも懸念しているのは、いくつかの表現についてさま

ざまな誤解が発生することである。わたしはこうした表現の示している概念が取り違えられることがないように、とくに慎重に選んだつもりである。たとえば実践理性のカテゴリー表で、様態のカテゴリーの一つに挙げられている許されていることと許されていないことのカテゴリーは、実践的で客観的な可能性と不可能性を示すものであるが、ふつうの言葉遣いでは、その次のカテゴリーの義務に適うことと義務に反することとほとんど同じ意味である。しかし許されていることと許されていないことのカテゴリーは、たんに可能であるだけの実践的な準則に一致しているか反しているかを示すものである。これは幾何学や物理学のさまざまな問題を正しく解けるかどうかと、ほとんど違わないものである。これにたいして義務に適うことと義務に反することのカテゴリーは、理性一般のうちに現実に存在する法則に一致しているか反しているかを示すものである。ふつうの用語法でもこうした意味の違いは、通常ではないとしても稀なことではない。

たとえば演説家にとっては新しい単語や語句を作りだすのは、許されていないことであるが、詩人であればある程度は許されていることなのである。このどちらについても、義務はまったく問題になっていない。というのも［造語を使って］演説家としての名声をみずから落とそうとする者にたいしては、誰もこれを妨げることはできないからである。ここではたんに不確定な命法、断定的な命法、必然的な命法の違いだけが問題になっているのである。

さらにわたしはある注で［2巻の183n］、さまざまな哲学的な学派の「実践的な完全さについての道徳的な理念」を比較しながら、智恵の理念と神聖さの理念を区別した（もっともわたしはこれらは客観的には根本的に同じものであることは指摘しておいた）。ただしこの注でわたしが智恵という概念で考えていたのは、ストア派の人間が［所有していると］僭称している智恵のこと、すなわち人間の特性としてそなわるという主観的な智恵のことである。ただしストア派の特徴をよりよく示しているのは、ストア派がとくに誇示していた徳という表現だろう。

また純粋実践理性の要請（ポストゥラート）という語は、純粋数学のポストゥラート、すなわち必然的な確実さを伴う語と混同して考えられると、大きな誤解を生むに違いない。純粋数学ではポストゥラートは［要請ではなく］公準という意味で使われている。これはある行為の可能性を要請するものではあるが、この行為の対象が可能であることは、アプリオリに理論的に完全な確実性をそなえたものとして認識されているのである。これにたいして純粋実践理性の要請では、必然的で実践的な法則に基づいて、そして実践理性の目的のためだけに、ある対象、すなわち神と霊魂の不死の可能性を要請するのである。だからこの要請された可能性の確実さは理論的なものではないし、必然的なものでもない。これは客体に関して認識された必然性にかかわるものではなく、主体に関して認識された必然性にかかわるのである。この確実さは、実践理性の客観的で実践的な法則を遵守するために必要な想定であり、たんなる必然的な仮説にすぎない。わたしはこの主観的ではあるが、無条件的で真なる理性の必然性を示すために、要請《ポストゥラート》という言葉よりもふさわしい表現をみいだすことはできなかった。

013　哲学の基礎

このようにして今や、「『純粋理性批判』で」認識能力と「本書で」欲求能力という心の二つの能力のアプリオリな原理が発見され、それらの原理の使用の条件、範囲、限界に基づいて、こうした原理が規定されることになった。これによって体系的で、理論的であるとともに実践的な学としての哲学の確実な基礎が据えられたと言ってよいだろう。

014　アプリオリな理性認識

しかしこうした努力にもかかわらず、誰かがアプリオリな認識などというものはどこにも存在しないし、存在しえないという意外な発見をするようになったならば、これは何とも困った事態になるだろう。ただ、これは窮地をもたらすものではない。これはまるで、理性などというものが存在しないことを、理性によって証明しようとするようなことなのである。というのも、わたしたちが何かを理性によって認識すると語るのは、経験のうちに現われることがありえないようなことでも、知ることができると意識している場合だからである。だから理性による認識とは、アプリオリな認識のことなのである。

経験的な命題から必然性を無理やり取りだそうとすることは、まるで軽石《エクス・プミケ・アクアム》から水を絞りだそうとするようなものであり、この必然性によって判断に真の普遍性を与えようとするのは、まさに矛盾したことである。この普遍性が存在しなければ、いかなる理性推論も成立しないし、類推《アナロジー》による推論も成立しない。類推は少なくとも普遍性と客観的な必然性をあらかじめ仮定しているのであり、これらをつねに前提とするのである。

主観的な必然性は習慣であって、これをアプリオリな判断のうちだけで成立する客観的な必然性とすり替えることは、理性には対象について判断する能力がないと考えること、すなわち対象について、そして対象にかかわる事柄について認識する能力がないと考えることなのである。たとえばある状態があって、その状態につづいて別の状態がしばしば、あるいはつねに生起するとしても、「理性にそのような判断の能力がなければ」前の状態から後の状態を推論すると語ることはできなくなってしまうだろう。そう語ることは客観的な必然性と、アプリオリな結合の概念を意味するからである。その場合にはたんに同様な事例が発生することが期待できると語ることしかできないだろうが、それでは動物と同じことになってしまうだろう。これは原因という概念を基本的に偽りとみなして、たんなる思考の欺瞞として否定することになるのである。

わたしたちが「理性に判断の能力を否定することで」客観的な妥当性と、これに基づく普遍的な妥当性が欠如することによって生まれる困難な問題を回避するために、「わたしたちには、［人間以外の］他の理性的な存在者に人間とは異なる観念の抱き方があると考える根拠はない」と主張して、これが妥当な結論だとみなすのであれば、さまざまに熟考するよりも、無知であるほうが、わたしたちの認識を拡張するためには役立つことになる。

というのも、たんにわたしたちは人間以外の理性的な存在者というものを知らないというだけの理由で、他の理性的な存在者もまた、わたしたちが自己を認識するのと同じ方法で自己を認識していると想定する権利があるとすれば、それではわたしたちはこうした存在者のことを実際には知っているということになるだろう。

［ただ主観的に］何かを〈真とみなすこと《フュアヴァールハルテン》〉の普遍性は、判断の客観的な妥当性を証明するものではないし、その判断が認識として妥当性をそなえることを証明するものでもないことは、ここで繰り返し述べる必要はないだろう。何かを〈真とみなすこと《フュアヴァールハルテン》〉の普遍性から、偶然に判断の客観的な妥当性が生じることがあったとしても、これは［判断と］客体との一致［としての真理］の証明をもたらすものではない。［判断の］客観的な妥当性だけが、［客体との］必然的で普遍的な一致の根拠となるので

ある。

015　ヒュームの経験論

ヒュームであれば、この〔主観的な必然性に依拠した〕原則としての普遍的な経験論の体系に、大いに満足することであろう。周知のようにヒュームは原因の概念に含まれている必然性の客観的な意味をまったく認めることなく、たんなる主観的な意味だけを、すなわち習慣を想定したのだった。そしてこれによって理性から、神、自由、不死にかんするすべての判断を奪い去ることだけを要求したのである。そしていったん彼の原理が承認されさえすれば、ヒュームはそこから論理的な的確さをもって、さまざまな結論を引きだす術を弁えていたのである。

しかしヒュームとても数学までこの経験論に含めるほどに、経験論を普遍化することはなかった。ヒュームは数学の命題は分析的なものだと考えたのであり、これが正しければ、数学の命題は実際に必然的なものとなっただろう。しかしだからといって、哲学においても必然的な判断、すなわち原因性の命題のような総合的でもある必然的な判断を下す理性能力があると推論することはできないだろう。それでも原理についての経験論を普遍的なものと考えるならば、数学も経験論のうちに含まれることになるだろう。

016　ヒュームの懐疑論

ところで数学は、〔ヒュームのように〕たんに経験的な原則だけを認めようとする理性とは、対立するのであり、これは二律背反《アンチノミー》においては避けがたいことである。というのも、〔二律背反の正命題では空間が無限に分割されることはないと主張するが〕数学は空間が無限に分割できることを議論の余地のない形で証明するのであり、経験論はこのような空間の無限分割を許すことはできないからである。〔このような対立が発生すると〕証明に可能な最大限の明証性が、経験的な原理からえられるという結論と明らかに矛盾することになる。そして人はチェゼルデン[2]の〔手術した〕盲目の人が〔開眼手術の後に〕語るように、「わたしを欺くのは視覚なのか、それとも触感なのか」と問わざるをえないようになるだろう。というのも経験論は〔触感がもたらす〕感じられた必然性に依拠しているが、合理論は［視覚がもたらす］洞察された必然性に依拠しているからである。

このように普遍的な経験論は、純粋な懐疑論となるのは明らかである。ただしヒュームがこのような無制限的な意味での懐疑論を信じていたと考えるのは間違いである（注）。ヒュームは、数学が少なくとも経験の確実な試金石の一つとなることを認めていたからである。これにたいして純粋な懐疑論では、経験にいかなる試金石となるものも認めることはない（アプリオリな原理だけが、経験の試金石となるのである）。そして経験が感情だけから成立するのではなく、判断からも生まれることを認めないのである。

016n　観念論者の主張

（注）ある学派の人々の特徴を示す名前は、いつでも多くの誤解を伴うものである。たとえば「あの人は観念論者だ」と言う場合もそうである。［よく誤解されるのとは反対に］観念論者と言えども、わたしたちが心で思い描く外界の事物の像は、外界の現

実的な対象に対応するものであることは認めるし、これを主張するのである。観念論者が主張するのは、外界の事物を直観する形式は外的な事物に［そなわる形式］ではなく、たんに人間の心のうちにそなわる形式にすぎないということである。

017　現代における経験論の意味

ただし現代は哲学的な時代であり、批判的な時代であるから、こうした経験論の主張を真面目にうけとるのは困難なことである。だから経験論が提唱されるとしても、それはおそらく判断力を訓練するためであり、アプリオリな理性的な原理の必然性を明らかにするための比較対照を目的としてであろう。ほかの点では役に立たないこうした経験論を提唱する仕事に従事している人々に、わたしたちはその意味で感謝すべきだろう。

序論

実践理性批判の理念について

018 実践理性批判の課題

理性の理論的な使用は、たんなる認識能力の対象だけにかかわるものであり、この理論的な使用についての理性の批判はほんらい、純粋な認識能力だけに向けられていたのである。というのも、この批判が必要になったのは、純粋な認識能力が、この能力に定められた限界を超えて、そもそも到達しえない対象に向かって進んだり、たがいに矛盾しあう概念のうちでみずからを見失ったりするのではないかという疑いが生まれたからであった。そしてこの疑いは後に実際に、根拠のあるものであることが示されたのである。

　ところが理性の実践的な使用の場合には、まったく状況が異なる。理性の実践的な使用において理性がかかわるのは、意志を規定する根拠だけである。ところで意志とは、心に思い描いた像や観念［＝表象］に対応する対象を作りだす能力であるか、こうした対象を作りだすように自己を規定する能力、すなわちみずからを原因として規定する能力である（ただし、こうした規定を行うために、意志に十分な自然な能力があるかどうかは問われない）。この能力では［理論的な使用の場合とは異なり］理性は少なくとも意志《ヴィレン》を十分に規定することができるのであり、意欲《ヴォレン》が問われるかぎり、理性は客観的な実在性をそなえているからである。

　ここでまず問題となるのは、純粋な理性はそれだけで意志を規定するのに十分なものでありうるか、それとも理性は経験的に条件づけられた場合にかぎって、意志を規定する根拠となりうるのかということである。ここで自由の概念が登場する。この自由の概念は、純粋理性の批判でその根拠が示された原因性の概念であるが、これは経験的に示すことはまったくできないものであった。もしも人間の意志にこの自由という特性が実際にそなわっていることを、したがってあらゆる理性的な存在者の意志にもこの自由という特性が実際にそなわっていることを証明する根拠を発見できるなら、純粋理性が［理論的であるだけではなく］実践的なものでありうることが証明されるだろう。そして経験的に制約された理性ではなく、こうした純粋な理性だけが無条件的に実践的なものであることが証明されるだろう。

その場合にはわたしたちは純粋実践理性の批判ではなく、実践理性一般の批判だけに従事しなければならない。というのも純粋理性は、それが存在することが証明されれば、もはやそれ以上の批判を必要としないからである。純粋理性には、あらゆる理性使用の批判のための基準がみずからにそなわっているのである。だから実践理性一般の批判の役割は、経験的な条件のもとにある理性が、自分だけで意志を規定する根拠を示そうとする僭越さを防ぐことにある。もしも純粋理性が存在することが確認されたならば、純粋理性の使用はそれだけで内在的なものとなる。これにたいして経験的に条件づけられた理性使用が、［自分だけで意志を規定する根拠を示せると考えて］僭越にも独裁的な立場をとるならば、これは超越的なものとなり、みずからに定められた領域をまったく逸脱したさまざまな要求や命令を下すことになるだろう。これは純粋理性の思弁的な使用について語られたこととは、正反対な状況なのである。

019　本書の構成

とはいえ、理性の実践的な使用の基礎となる理性認識は、やはり純粋理性の認識であるから、実践理性の批判〔『実践理性批判』〕の構成は、概略的な見取り図においても、思弁的な理性の批判〔『純粋理性批判』〕の構成にしたがったものでなければならない。そこで実践理性の批判は〔『純粋理性批判』と同じように〕原理論と方法論で構成する必要がある。第一部の原理論は、真理の規則を考察する分析論と、実践理性のさまざまな判断における仮象を指摘し、それを解決する弁証論に分ける必要がある。

ただし分析論の構成は、純粋な思弁的な理性の批判とは逆の順序になるだろう。思弁的な理性の批判では、感覚能力の批判から始めて原則で終わらねばならなかったのであるが、実践的な理性の批判では、原則から始めて概念に進み、その後に、可能であれば初めて感覚能力の批判に向かうのである。

その理由は次のとおりである。わたしたちはまず意志の考察から始める必要があり、理性と対象の関係ではなく、理性とこの意志との関係の考察、そしてその原因性との関係を考察する必要があるからである。だからここで考察の端緒となるのは経験的な条件に拘束されていない原因性の原則であり、次にこうした意志を規定する根拠についての概念を確定し、こうした概念がさまざまな対象にどのように適用されるかを考察し、最後にこうした概念が、［行為する］主体とその感性にどのように適用されるかについて確定すべきなのである。［この批判では、］自由に基づく原因性の原則を、すなわちある純粋な実践的な原則を、考察の端緒とすることは避けられないことであり、この原則が、それだけにかかわることのできるさまざまな対象を規定するのである。

第一部　純粋実践理性の原理論

第一編　純粋実践理性の分析論

第一章　純粋実践理性の原則について

第一節　定義

020　主観的な原理と客観的な法則

実践的な原則とは、意志の普遍的な規定を含む命題であり、この規定には多数の実践的な規則が含まれる。その原則に示された条件を、主体がみずからの意志だけに適用されるものとみなしている場合には、この原則は主観的なものであり、行動原理、[＝格律《マクシーメ》]と呼ばれる。またこの条件が、すべての理性的な存在者の意志に妥当するものとして、すなわち客観的なものとして認識されている場合には、この原則は客観的なものであり、実践的な法則と呼ばれる。

注解

021 命法と行動原理

純粋理性が実践的に十分な根拠を含むと想定された場合、すなわち意志を規定するための十分な根拠をみずからのうちに含むことができると想定された場合には、実践的な法則が存在することになる。そうでない場合には、すべての実践的な原則はたんなる行動原理である。理性的な存在者の感受的《パトローギッシュ》に触発された意志においては、行動原理と、その存在者がみずから認識した実践的な原則の間で、対立が発生することがある。たとえばある人が、「侮辱されたならば、復讐せずにはおかない」という行動原理を定めていたとしよう。そしてその人が、これが実践的な法則ではなく、自分の行動原理にすぎないことは洞察できたとしよう。というのも、この同じ行動原理がすべての理性的な存在者の意志に妥当する規則とされたならば、この行動原理は［すべての人が必ず復讐したならば、この復讐に終わりはなく、人類は滅亡するだろうから］みずからと一致することができなくなるだろうからである。

自然についての認識においては、生起するものについての原理は（たとえば運動が伝達される際には作用と反作用が等しいという原理をあげておこう）、同時に自然の法則である。この領域では理性は理論的に使用されるのであって、客体の特性によって規定されているからである。ところが実践的な認識においては、すなわち人間の意志を規定する根拠だけにかかわる認識においては、わたしたちがみずから定める原則は、わたしたちが必ずしたがう法則のようなものではない。理性は実践的な事柄については主体と、主体の欲求能力にかかわるのであり、この欲求能力の特別な性質のために、規則がさまざまな方向に向かうことがありうるからである。

実践的な規則は、つねに理性が作りだしたものである。というのもこの規則は、意図する結果を実現するための手段としての行為を指示するからである。［人間のように］意志を規定する根拠が理性だけではない存在者にとっては、この規則は命法という形をとる。これは、行為への客観的な強制を表現する「なすべし」によって示される規則である。その意味するところは、理性が意志を完全に規定しているならば、［その主体は］必ずこの規則にしたがって行為するだろうということである。

そのため命法は客観的に妥当するものであり、主観的な原則としての行動原理とはまったく異なるものである。ところで命法は、［第一に］作用する原因として、理性的な存在者が原因として機能するための条件を規定するか（そこではたんに結果と、その結果をもたらすに十分な条件について規定するだけである）、あるいは［第二に］意志だけを規定し、その意志が結果をもたらすために十分なものかどうかは問わないかのいずれかである。第一の命法は仮言的な命法であって、たんに熟練のための準則を含むだけである。第二の命法は定言的な命法であって、これだけが実践的な法則となるだろう。

だから行動原理は原則ではあるが、命法ではない。そして命法は、それが条件づけられているときは、すなわち意志を端的に意志としてではなく、望まれた結果だけについて規定するときは、仮言的な命法であって、実践的な準則ではあっても、法則ではない。法則であるためには、わたしが望まれた結果をもたらすために必要な能力をそなえているかどうかを自問したり、その結果をもたらすために何をすればよいかと自問したりする前に、意志を意志として十分に規定するものでなければならず、定言的［な命法］でなければならない。それでなければ法則ではないのである。なぜならば実践的な準則には必然性が欠けているからである。［法則にそなわる］必然性は、それが実践的なものであれば、感受的な条件からは、したがって意志に偶然にそなわる条件からは、独立したものでなければならない。

たとえばある人に、「老後の生活に苦労しないですむように、若い頃に働いて、倹約しておかなければならない」と教えたとしよう。これは意志にたいする正しい、しかも重要な実践的な準則である。しかしすぐに分かるように、この準則で意志が注意を向けるように指示されているのは、何かほかのもの、すなわち意志が望むことが想定されているあるもの［老後の安楽な生活］である。そしてその人がそれをどう望むかは、その当事者に委ねなければならないのである。そして［老後の安楽な生活を確保するために］その人が自分の力で作りあげた資産のほかに何か別の援助資金を見込んでいるのか、それとも老年になるまで長生きするのをまったく望まないのか、さらにやがて困窮するようになっても何とか切り抜けられると考えているのかは、その人に委ねられているのである。

必然性を含むすべての規則は理性だけから生まれることができる。たしかに理性はこうした準則にも必然性を与えるが（それでなければ準則が命法として表現されることはないだろう）、これは主観的に条件づけられた必然性にすぎず、すべての主体において同じように妥当すると想定することはできない。ところが理性が［客観的な法則として］法則を定めるために必要なのは、理性がみずから〔ママ〕だけを前提としなければならないということである。というのは、規則が客観的で普遍的に妥当するためには、それぞれの理性的な存在者ごとに異なるような偶然的で、主観的な条件と関係なく妥当することが必要だからである。

ここである人に、「偽りの約束を決してしてはならない」と告げるとしよう。この規則は相手の意志だけにかかわるものであり、人間がどのような意図をもつにしても、こうした意図は意志によって実現できることも、実現できないこともある。だからこの規則によってアプリオリに規定する必要があるのは、［さまざまな意図ではなく］たんなる意欲［する意志］なのである。この規則が実践的に正しいことが確認された場合には、これは法則となる。これは定言的な命法だからである。だから実践的な法則は意志だけにかかわるのであり、この意志が原因となって実現される事柄にはかかわらないのである。そして法則が純粋であるためには、感性界に属するものとしての意志の原因［とそれによって実現される事柄］は無視することができるのである。

第二節　定理　一

022　実践的な法則に必要な条件

意志を規定する根拠として、欲求能力の客体（実質）を想定しているような実践的なすべての原理は、どれも経験的なものであり、実践的な法則を示すことはできない。

023　定理一の証明――経験的な原理

ここで〈欲求能力の実質〉とは、それが現実のものとなることが望まれている対象のことである。この対象への欲望が実践的な規則に先立って存在していて、その規則を原理とするための条件となっている場合には、わたしは（第一に）、この原理はつねに経験的なものであると断言する。というのは、この選択意志《ヴィルキュア》を規定する根拠が、ある客体についての観念であり、さらにこの観念とその観念を抱いている主体との関係だからである（この関係によって、客体を現実のものとするために、欲求能力が規定されるのである）。

　しかしこのような関係は主体にとっては、対象が現実のものとなることによって生まれる快である。だから選択意志の規定が可能となる条件として、この快を前提にしなければならない。しかしある対象の観念だけに基づいて、それが快と結びついているのか、不快と結びついているのか、それともどちらともかかわりがないのかを、アプリオリに認識することはできない。だからこのような場合には選択意志を規定する根拠はつねに経験的なものとならざるをえないのであり、この根拠をその条件として前提とする実践的で実質的な原理も、経験的なものにならざるをえない。

024　定理一の証明——行動原理と法則の違い

さらに（第二に）、快または不快を感受するという主観的な条件だけを根拠とするような原理は、それを感受する主体にとっては、その行動原理として役立つものだろう。ただし［快と不快の］どちらが感受されるかは、つねに経験的にしか認識されず、すべての理性的な存在者に同じような形で妥当することはできない。しかもこの原理には、アプリオリに認識しなければならない客観的な必然性が欠けているので、主体そのものにとって、［行動原理として役立つものではあっても、］法則として役立つものではない。だからこのような原理が実践的な法則を与えることはありえないのである。

第三節　定理　二

025　自愛の原理

実質的な内容をもつすべての実践的な原理は、そのようなものとしてすべて同じ種類のものであり、自愛、すなわち自己の幸福を目指す普遍的な原理に分類される。

026 幸福と自愛の原理

ある事物が存在するという観念によって生まれる快は、それがこの事物を欲求する［意志の］規定根拠であるかぎりでは、その観念を抱く主体の感受性に基づくものである。その快は、対象の現実存在に依拠しているからである。だからこの快は感覚能力（感情）に属するものであり、知性［＝悟性］に属するものではない。知性は客体にたいする観念の関係を概念によって表現するのであり、主体にたいする観念の関係を感情によって表現するのではない。

だから快が実践的なものであるのは、それは対象が現実に存在することで主体が［獲得できることを］期待する快適さの感覚が、欲求能力を規定するからである。ある理性的な存在者が、その全存在においてたえず生の快適さが伴っていることを意識する状態が幸福である。自愛の原理とはこの幸福を、選択意志を規定する最高の根拠とする。だから実質的な内容をもつすべての原理は、ある対象が現実に存在することによって感受される快または不快を、選択意志を規定する根拠とするものであり、そしてこれらの原理はすべて自愛またはみずからの幸福を目的とする原理であるという意味で、同じ種類のものである。

系

027　下級の欲求能力と実践的な規則

実質的な内容をもつすべての実践的な規則は、意志を規定する根拠を、下級の欲求能力のもとに置く。だから意志を十分に規定するたんなる形式的な法則というものが存在しなければ、上級の欲求能力というものは存在しえないことになるだろう。

028 意志を規定する根拠の起源

ふだんは鋭い洞察を示す人々(3)も、快の感情と結びついた観念がどこから生まれたかによって、すなわち感覚能力から生まれたか、知性から生まれたかで、下級の欲求能力と上級の欲求能力を区別できると考えているのは、驚くべきことである。というのも、ここで問題とされているのは、欲求を規定する根拠なのであり、あるものから獲得できると期待される快適さがその規定根拠であるならば、満足を与えてくれるその対象についての観念がどこから生まれたかはまったく問題ではなく、それがどれほどの満足を与えてくれるかということだけが重要だからである。

知性から生まれ、知性に含まれる観念であっても、それが主体において快の感情を生みだしうることだけを前提として、選択意志を規定しうるのであれば、その観念が選択意志を規定する根拠となっているのは、内的な感覚能力の性質だけであり、すなわち内的な感覚能力がその観念によって、快適に触発されうることだけによるのである。ある対象についての像や観念［＝表象］は、感覚能力の像ではなく、知性の観念であることも、さらには理性の観念であることもあるだろう。しかしこうした像や観念が意志を規定する根拠として利用する快の感情は快適さであり、客体を現実のものとして作りだす原動力となるものに期待される満足である。これらはつねにたんに経験的にしか認識できないという意味で同じ種類のものであるだけでなく、人間の欲求能力のうちに現われる同じ生命力を触発するという意味でも、同じ種類のものである。これについては他のすべての規定根拠と比較して、程度の違いはあるとしても、異なるものとして区別することはできないのである。これが異なるものであったならば、観念の抱き方について二つのまったく異なる規定根拠が存在することになり、欲求能力をもっとも強く触発する規定根拠を選択するために、まったく異なる規定根拠を量によって比較することなどはできないだろう。

ところが同じ一人の人間が、たまたま手にとった有益な書物をもはや二度と手にすることができないことが分かっていても、狩猟の機会を失いたくないために、読まずに返却してしまうことがある。あるいは昼食に遅れたくないために、すばらしい演説を聞きながら、その途中で退席してしまうこともある。ゲームの席につくために、いつもは高く評価している知的な議論の席を離れてしまうこともある。ふだんは喜んで貧者に施しをするのに、今は喜劇の入場券を購入するために必要な金額しかポケットに入っていなかったために、施しを求める貧者を追い払ってしまうこともある。

意志を規定する根拠が、ある原因に基づいて予想される快または不快の感情だけによって定められるものであったならば、その人がどのようなしかたで観念によって触発されるかは、まったくかかわりのないものとなるだろう。何を選択するかを決定するために重要な意味をもつのは、この快適さがどれほど強いものか、どれほど長くつづくものか、どれほど簡単に手に入れられるものか、どれほど頻繁に繰り返されるものかということだけである。

金貨で支払いをする人にとっては、その金貨の素材である金が、金山から採掘されたものか、［砂金として］川の砂をふるってえられたものであるかは、まったくかかわりのないことである。その人にとっては金貨がどこでも同一の価値でうけとられることだけが重要なのである。それと同じように、生の快適さだけが重要な人にとっては、［快適さの根拠となる］像や観念が知性の観念であるか、感覚能力の像であるかはまったくかかわりのないことである。重要なのはその像や観念が、できるだけ長い期間にわたって、どれほど頻繁に、どれほど大きな満足を与えてくれるかということだけである。

いかなる感情も前提せずに、純粋な理性に意志を規定する能力があることを認めようとしない人々だけが、初めは同じ原理に基づいていると主張していたものについて、後になってまったく違う種類のものであると否定するようなことをしがちであり、こうして最初の説明から大きく逸れてしまうものである。たとえばわたしたちは、たんなる力の発揮に満足を感じることも、自分の意図を妨げる障害物を克服する際の心の強さを意識して満足を感じることも、精神的な才能が育まれることに満足を感じることもできるし、わたしたちはこうした満足をより優れた喜びとか楽しみと呼ぶが、それはもっともなことである。これらの喜びがその他の喜びよりもわたしたちにいっそう近いものであり、尽きることがなく、こうした喜びをさらに享受したいという感情を強め、こうしたものを享受することで、わたしたちが同時に開化されるからである。

だからといって、そうした喜びや楽しみが満足を生みだすことができるのは、わたしたちにこうした快適さを享受するためにそなわっている感情を、その第一条件として前提としているからである。だからこうした喜びや楽しみが、感覚能力による意志の規定とは異なる形で意志を規定するものだと主張するのは、形而上学を学び始めたばかりの無知な初心者が、物質は微細なものであり、しかも目が眩むほどに微細なものであると考えて、物質は拡がりをもちながら、同時に精神に属するものと考えることができると信じるのと、同じような間違いなのである。

エピクロスは、徳が意志を規定することによって人は満足をえられるのであり、この満足こそが徳の根拠であると考えた。もしもわたしたちがエピクロスと同じように考えるならば、エピクロスがこの満足を、もっとも粗野な感覚能力の満足とまったく同じ種類のものだと主張しても、それを咎めることはできないだろう。エピクロスはわたしたちのうちにこの満足という感情を起こす原因となった観念を、たんに身体的な感覚能力に伴うものと考えたのであるが、わたしたちにそれを非難する理由はまったくないのである。どうやらエピクロスは、これらの多くの観念の起源は、高級な認識能力の使用にあると考えているようである。しかしこのことは、エピクロスが前記の原理にしたがって、いずれにしても知的なものである観念がわたしたちに与えてくれる満足を、そしてこうした観念だけがそれによって意志を規定する根拠でありうるような満足そのものを、すべて［粗野な感覚能力の満足と］同じ種類のものであると主張することを妨げるものではなかったし、妨げることもできなかったのである。

整合的であることは、哲学者の最大の責務であるが、それが実現されることはごく稀である。そして古代ギリシアのさまざまな哲学の学派は、現代の混合主義的なさまざまな学派と比較して、はるかに整合性を維持することのできた数多くの実例を示しているのである。現代においては、矛盾する原則をつぎはぎしたきわめて不誠実で空虚な連合的な体系が作りだされている。というのも大衆とはすべてのことについて聞きかじりながら、しかも全体としては何も知らず、ただどんなことにも何かを主張できることに満足を感じるため、こうした体系が好まれるからである。

自己の幸福を優先するという原理は、その原理のもとで知性や理性がどれほど使用されようとも、意志にとっては下級の欲求能力にふさわしい規定根拠しか含むものではない。だから［幸福の原理にしたがって］いかなる上級の欲求能力というものも存在しないか、あるいは［道徳性の法則にしたがって］純粋理性がみずから実践的なものであらねばならないか、そのどちらかである。ここで純粋理性が実践的なものであるというのは、いかなる感情も前提とせずに、すなわち欲求能力の実質としての快と不快についての観念なしで（この観念はつねに原理を経験的に条件づけるものとなる）、実践的な規則の形式だけに基づいて、意志を規定できるということである。

その場合だけにかぎって、そして理性が心の傾き［＝傾向性］に奉仕することなく、それだけで意志を規定する場合にかぎって、理性は真の意味で上級の欲求能力であり、感受的に規定される欲求能力は、この上級の欲求能力に従属するのである。このようにして理性は実際に、種類として下級の欲求能力と異なるものとして区別されるのである。もしもそこに下級の欲求能力に基づいた衝動がわずかでも混入していたならば、理性の強みも優位も損なわれることになる。数学の証明に、その条件としてわずかでも経験的なものが含まれていると、その証明の品位と強さが低められ、破壊されるのと同じである。

理性は実践的な法則においては、そこに混入してくる快と不快の感情を介せずに、この法則にたいする快と不快の感情すら介せずに、意志を直接に規定する。理性が純粋な理性として実践的でありうること、そのことだけによって、理性は法則を定めるものでありうるのである。

注解　二

029　主観的な法則と客観的な法則

理性的ではあるが有限なすべての存在者は、幸福になることを求める。これは必然的なことであり、この要求がその存在者の欲求能力を規定する根拠となることは、避けがたいことである。こうした存在者がその全存在において満足しているこの［幸福という］状態は、彼が生まれつき所有している状態ではなく、また何ものにも依存しないという自己充足の意識を前提とした浄福でもない。この存在者は、有限な存在という本性によって欠乏の状態に置かれているために、この［幸福な］状態に到達するという課題を実現することを迫られているのである。そしてこの欠乏の状態は、この存在者の欲求能力の実質にかかわるものであって、主観的にその［欲求能力の］根底にある快と不快の感情にかかわる。そのためこの欠乏したものによって、この存在者が自分の状態に満足するために［すなわち幸福になるために］必要なものが何であるかが規定されるのである。

しかし主体はこの実質にかかわる規定根拠を、たんに経験的にしか認識できないのであり、だからこそこの［幸福になるという］課題を法則とみなすことはできない。というのも法則というものは客観的なものとして、あらゆる場合において、あらゆる理性的な存在者に対して、意志のまさに同一の規定根拠を含むものでなければならないからである。たしかに幸福という概念は、欲求能力と客体との実践的な関係においては、つねにその根底に存在するものではあるが、この概念は主観的な規定根拠の一般的な名称にすぎないものであって、特別に何かを規定するものではない。しかし［幸福の実現という］この実践的な課題において重要なのは、この特別な規定だけなのであり、この規定なしでは課題はまったく解決されえないのである。

というのも、みずからの幸福がどのようなものであるべきかは、各人なりの快と不快の感情によって決まるものであり、同一の主体においても、それぞれの欠乏の状態の違いに応じてこの感情が変化するごとに変わるものだからである。だから主観的に必然的な法則は、自然の法則として客観的には、きわめて偶然的な実践的な原理である。これはさまざまな主体ごとに異なったものでありうるし、そうならざるをえないのであり、［客観的な］法則を与えることはできないのである。というのも、幸福になろうとする欲望にとって重要なのは、法則に適っているという形式ではなく、その実質だけ、すなわち法則にしたがうことで満足がえられることを期待できるか、またどの程度の満足がえられることを期待できるかということだからである。

自愛の原理は、さまざまな意図を実現するための手段を発見するという熟練の普遍的な規則を含むことができるが、その場合にもたんなる理論的な原理を含むことができるにすぎない（注）。たとえばパンを食べたいと思う人は、粉を碾く道具を考案しなければならないということにすぎない。しかし自愛の原理に基づいた実践的な準則は、決して普遍的なものとなることはできない。欲求能力を規定する根拠は、快と不快の感情に基づいたものであって、この感情を同一の対象に向けられた普遍的なものと考えることはできないからである。

029n　実践的と技術的という語

（注）数学や自然学において実践的と呼ばれている命題は、ほんらいは技術的と呼ぶ

べきものである。こうした学は、意志の規定とはまったくかかわりがないからである。これらの命題は、ある結果をもたらすために十分な行為を、そのさまざまな可能性において示すだけである。だから原因と結果を結びつけるすべての命題と同じように、理論的な命題にすぎない。その結果「が実現されること」を好む人は、その原因も好まねばならない。

030　主観的な必然性の意味

ここで有限で理性的な存在者が、みずからの満足や苦痛の感情の客体として何をうけいれるかについて、それどころか満足を実現し、苦痛を避けるためにどのような手段を用いる必要があるかについて、完全に一致しているとしよう。「この一致は法則を思わせるが」それでも彼らは自愛の原理を実践的な法則として示すことは、絶対にできないのである。このように一致したのも、たんなる偶然だからである。

そして「このような一致においても、意志の」規定根拠はあい変わらずたんに主観的に妥当するだけであり、たんに経験的なものである。そしてそこには、すべての法則において存在するとみなされる必然性、すなわちアプリオリな根拠に基づいた客観的な必然性は存在しないだろう。そしてこうした［偶然の一致が示す］必然性は、決して実践的なものではなく、たんに自然的なものとみなすべきである。わたしたちは他人があくびをするのを見ると、自分でもあくびを抑えられないものである。これと同じようにわたしたちは、自分の心の傾き［＝傾向性］による行為は、どうしてもせざるをえないのである。

だからこれについて主張できるのは、ここでたんなる主観的な原理が実践的な法則の地位にまで高められたということではなく、そこには実践的な法則などは存在せず、わたしたちの欲望の［実現の］ために役立つ勧告があるだけだということである。実践的な法則というものは、たんなる主観的な必然性をもつだけではなく、客観的な必然性をそなえたものでなければならず、経験によってではなく（その経験が、どれほど普遍的な経験であっても）、理性によってアプリオリに認識できるものでなければならないのである。

［つねに同じように現われる］一致した現象についての規則であっても、それが自然の法則と呼ばれるためには、力学の法則のように、実際にアプリオリに認識できるか、

化学の法則のように、わたしたちが洞察を深めた場合には、客観的な根拠からアプリオリに認識できるようになる場合にかぎられる。しかしたんに主観的な実践的な原理については、選択意志の客観的な条件ではなく主観的な条件を根底としていなければならないということが、その原理が成立するための条件とされるのである。だからこうした原理はたんに行動原理として思い浮かべることができるだけであって、実践的な法則とみなすことは許されないのである。

この後者の注解は、言葉の説明にこだわっているだけのようにみえるかもしれない。しかしこれはきわめて重要な違いを示す規定であって、その違いは実践的な考察において、初めて重要な問題となってくるのである。

第四節　定理　三

031　行動原理と実践的な法則

理性的な存在者が自分の行動原理を普遍的な実践的な法則と考えることができるの

は、こうした存在者がその行動原理を、その実質ではなくたんなる形式によって、意志を規定する根拠を含む原理とみなすことができるときだけである。

032　証明——行動原理の普遍性

実践的な原理の実質は、意志の対象である。意志の対象は、意志の規定根拠である場合と、意志の規定根拠でない場合がある。対象が意志の規定根拠である場合には、意志の規則は経験的な条件に、すなわち意志を規定する観念と、快と不快の感情との関係にしたがうものであり、このため実践的な法則ではない。そこで法則からあらゆる実質をとり去り、意志の規定根拠となっているすべての対象をとり去るならば、残されるのは、普遍的な法則を定めることのたんなる形式だけである。

だから理性的な存在者は、みずからの主観的で実践的な原理である行動原理が、同時に普遍的な法則であると考えることはまったくできないか、あるいは行動原理はそのたんなる形式だけによって実践的な法則となると想定するかのいずれかである。行動原理はその形式によって、普遍的な法則を定めるのに適したものとなるのである。

注解

033 行動原理の吟味方法

行動原理のどのような形式であれば普遍的な法則を定めるのに適したものであるが、どのような形式がそれに適さないものであるかは、教えられなくてもふつうの知性で理解できるものである。たとえばわたしが、自分の財産をあらゆる確実な手段によって増やすことを行動原理としたとしよう。ところで今わたしの手元に、ある人から委託されたものがあって、その所有者がすでに死去しており、委託したことを証明する文書も残っていないとしよう。これはもちろん［財産を増やそうという］わたしの行動原理が適用されるべき事例である。

ここでわたしが知りたいのは、この行動原理が普遍的な実践的な法則として妥当するかどうかということである。そこでわたしはこの行動原理をこの事例に適用して、この行動原理が法則の形式をとりうるかどうかを調べようとする。そのためには、この行動原理に基づいて、同時に次のような法則を定めることができるかどうかを調べればよい。「すべての人は、それが自分に委託されたものであることを誰も証明できない場合には、それが委託されたものであることを否定することができる」。するとわたしはただちに、このような原理を法則とした場合には、原理が法則としてはみずからを否定するものとなることが分かる。これが法則とされた場合には、人が何かを他人に委託することなど、ありえなくなるだろうからである。

わたしが実践的な法則として認めるためには、その法則は普遍的な法則を定めるために適格なものでなければならない。これは同義反復的な命題であり、自明なことである。だからわたしが、自分の意志が実践的な法則にしたがっていると主張するならば、わたしは自分の心の傾きを、すなわちこの場合には貪欲を、普遍的で実践的な法則となるにふさわしい意志の規定根拠として挙げることはできない。というのは、こうした心の傾きは、普遍的な法則を定めるために役立つものであるどころか、普遍的な法則という形式をとった場合には、みずからを否定せざるをえないからである。

034 幸福の行動原理

たしかに幸福を求める欲望は誰にもあるものであり、各人が幸福を自分の意志の規定根拠とするような行動原理は広くみられるものではある。しかし理性的な人々がそのことを理由として、これを普遍的に実践的な法則とすることを考えついたということは、まったく不思議なことである。ほかの領域では「すなわち自然においては」普遍的な自然法則がすべてを一致させるのであるが、この領域では行動原理に法則としての普遍性を認めようと望むならば、一致とはまったく反対の事態が生まれ、行動原理と、その行動原理の意図とのきわめて激しい争いが発生し、完全な破滅にいたるのである。

というのもそうなると、万人の意志が同一の客体をもつのではなく、各人が各人の客体を、すなわちみずからの安泰をもつからであり、この「各人の」客体は、同じように自分の安泰を求める他人の意図と偶然に調和することはありうるものの、それが法則になるにはきわめて不十分なものである。なぜなら人はたまには例外を作りだすことが許されるものの、こうした例外は際限のないものであり、どうしても普遍的な規則のもとにまとめることができないからである。

このような形で生まれる〔ある人の意図と他の人の意図の〕調和は、たがいに相手が死ぬことを願っている夫婦の心の一致について、ある風刺詩が「おお、驚くべき調和よ、夫が願うことを、妻も願っている」と語っているのと、似たようなものである。あるいは〔フランス国王の〕フランソワ一世が皇帝カール五世に示した提案において、「わが〈兄弟〉カールが所有しようと願うもの（ミラノ）を、われもまた所有しようと願う」と語ったといわれるのと似ているのである。

経験的な〔意志の〕規定根拠は、外的な普遍的な法則を定めるために役立つことはないが、内的な法則を定めるためにも役立たないのである。ある人は自分の主体を、別の人はその人の主体を、みずからの心の傾きの根拠とするのであり、同じ主体においても、あるときはある心の傾きが、別のときは別の心の傾きがより強い影響力を発揮するからである。これらの条件のもとで、すべての心の傾きを支配するような法則、つまり全面的な一致をもって支配するような法則を発見することは、絶対に不可能なことである。

第五節　課題　一

035　道徳的な意志の特性

行動原理の法則を定めるたんなる形式だけが、意志を規定するために十分な根拠であると前提して、この形式だけによって規定される意志には、どのような特性がそなわっているかを明らかにせよ。

036　自由な意志

法則のたんなる形式の観念を示すことができるのは理性だけであり、この形式は感覚能力の対象ではなく、現象に属するものではないために、意志を規定する根拠としての形式の観念は、原因性の法則にしたがう自然の出来事のあらゆる規定根拠とは異なるものとして区別される。なぜなら自然の出来事にあっては、規定する根拠そのものが、現象でなければならないからである。

ところが意志を規定する根拠として、意志にたいして法則の役割をはたしうるのは、すでに述べた普遍的な法則を定める形式だけであるならば、こうした意志は、現象を支配する自然法則から、すなわち現象の相互的な関係にかかわる原因性の法則から、まったく独立したものであると考えねばならない。このような独立性は、もっとも厳密な意味での自由であり、超越論的な意味での自由である。だから行動原理のたんなる法則を定める形式だけを法則として使用しうる意志は、自由な意志である。

第六節　課題　二

037　自由な意志を規定する法則

意志が自由であることを前提として、それだけでこのような意志を必然的に規定するために役立つ法則をみいだせ。

038 法則を定める形式

実践的な法則の実質、すなわち行動原理の客体は、経験的にしか与えられないのにたいして、自由な意志は、経験的な（すなわち感性界に属する）条件からは独立していながら、しかも規定可能なものでなければならない。だから自由な意志は、法則の実質からは独立したものでなければならないが、その意志を規定する根拠は、法則のもとに求める必要がある。ところが法則から実質をとりのぞくと、あとには法則を定める形式しか含まれていない。だからこの法則を定める形式だけが、それが行動原理のうちに含まれるかぎりで、意志を規定する唯一の根拠となりうるのである。

注解

039 自由と実践的な法則の相互関係

だから自由と、無条件的で実践的な法則は、たがいに相手を指示しあう関係にある。

わたしがここで問題にしたいのは、この両者が実際において異なっているかどうかではない。また、無条件的な法則は純粋な実践理性の自己意識にすぎないものではないのか、そしてそうであれば純粋な実践理性は、自由の積極的な概念とまったく同じものではないのかということでもない。むしろ問題にしたいのは、無条件的で実践的なものの認識がどこから始まるのかということ、すなわち自由から始まるのか、それとも実践的な法則から始まるのかということである。

しかしこの認識が自由から始まることはありえない。自由の最初の概念は消極的なものであって、自由を直接に意識することはできないからである。また自由を経験から推論することもできない。経験がわたしたちに認識させるのは、現象の法則、すなわち自然のメカニズムであって、自由とはまさに正反対のものだからである。だからわたしたちは意志の行動原理を定めるやいなや、まず道徳的な法則を直接に意識するのであって、この法則がわたしたちに最初に現われてくるのである。そして理性がこの法則を、いかなる感性的な条件によっても制約されないものとして、こうした条件からまったく独立した「意志の」規定根拠として示すときに、この法則から自由の概念へと、そのまま導かれるのである。

しかしこの道徳的な法則の意識はどのようにして可能になるのだろうか。わたしたちは、純粋に理論的な原則を意識するのとまったく同じ方法で、純粋に実践的な法則を意識することができる。すなわちわたしたちは、理性がわたしたちに原則を定める際に伴う必然性に注目し、理性がわたしたちにあらゆる経験的な条件を無視するように指示することに注目することで、道徳的な法則を意識するようになるのである。

ところで純粋な意志の概念が純粋な実践的な法則から生じるのは、純粋な知性の意識が純粋な理論的な原則から生じるのとまったく同じである。そしてこれが「すなわち純粋な意志の自由の概念が、純粋な実践的な法則の意識から生じることが」わたしたちの「実践的な法則の概念と自由の概念という二つの」概念の真の従属関係であること「すなわち実践的な法則の概念が上位にあり、自由の概念はこれに付随すること」、自由の概念をわたしたちに最初に教えるのは道徳性であること、だから実践理性はこの自由の概念によって、思弁的な理性には解決しがたい問題を課すのであって、思弁的な理性はこの概念のためにきわめて困惑させられるものであることは、次のことを考えてみれば、すぐに明らかになるのである。すなわち「第一に」現象の世界では自由の概念によっては何も説明することができず、現象界では自然のメカニズムがつねに導きの糸となるのである。また［第二に］純粋理性の二律背反においては、純粋理性が原因の系列において無条件的なものにまで高まろうとすると、自由の側でも自然のメカニズムの側でも、つねに不可解な事態に巻き込まれるのである。しかし［第三に］自然のメカニズムは少なくとも現象を説明する目的では利用できるのであるから、道徳的な法則と実践理性が登場して、わたしたちにこの自由の概念を認めることを強いなかったならば、わたしたちは学問の分野にあえて自由の概念を導入するような大胆なことは試みなかったはずなのである。

しかし経験もまた、わたしたちのうちでの概念のこのような従属関係を証明しているのである。たとえばある人が、自分の情欲にかかわる心の傾きのために、愛すべき対象が現われて、それを獲得する機会が出現したときには、それにまったく抵抗できないと語っていると考えてみよう。ところがその人がその機会を利用することのできる家屋の前に絞首台が設置されていて、情欲を満足させた直後に、この絞首台に吊されることが明らかになっていたとしよう。その場合にもその人は自分の心の傾きを抑えようとしないだろうか。その人がどう答えるかは、すぐに分かるだろう。

そこでその人に、こう尋ねてみよう。「あなたの君主がある誠実な人物を、何かでっちあげの口実を使って死刑にしたいと考えているとしましょう。そしてあなたに、この誠実な人物を死刑にするような偽証を行うように求めていて、偽証しなければすぐに死刑にするぞと、あなたを脅したとしましょう。そのときあなたは、自分の命への愛がどれほど強くても、その愛を克服することが［すなわち偽証を拒むことが］できると思いますか」と。

その人が自分の生命への愛を克服するかどうかは、本人にも確言できないかもしれない。しかし偽証を拒むことが可能であることは、その人も躊躇せずに認めるだろう。だから彼はあることを〈なすべき〉であると意識するがゆえに、そのことを〈なしうる〉と判断するのである。そのときその人は、道徳的な法則が存在しなければ知られないままだったはずの自由が、自分のうちにあることを認識するのである。

第七節　純粋実践理性の根本法則

040　道徳的な行動原理

君の意志の採用する行動原理が、つねに同時に普遍的な法則を定める原理としても妥当しうるように行動せよ。

注解

041　理性の事実

純粋な幾何学は、実践的な命題を公準《ポストゥラート》［要請］として定めている。しかしこうした命題に含まれているのは、何かをなすべし、と要求された場合には、それをなすこと、ができる、という前提だけである。これは純粋幾何学の命題の中で、あるものの現実存在にかかわる命題である。この命題は意志の不確定な条件のもとでの実践的な規則なのである。

ところがここで［純粋実践理性の］規則が告げるのは、わたしたちが端的にある特定の仕方で行動すべきであるということである。だから［純粋実践理性の］実践的な規則は無条件的なものであり、定言的に該当する実践的でアプリオリな命題として考えられているのである。この命題によって意志は端的にかつ直接的に、実践的な規則そのものによって（この規則がここでは法則にほかならない）、客観的に規定されるのである。ここでは純粋で、それ自体において実践的な理性が、直接に法則を定めるのである。

だから意志は経験的な条件からは独立しており、純粋な意志として、法則のたんなる形式によって規定されていると考えられている。そして［意志を］規定するこの根拠が、すべての行動原理の最高の条件とみなされている。これはきわめて異例な事態であり、その他のどのような実践的な認識の領域でも、このような事態は存在しない。というのも、ある可能な普遍的な法則を定めることについてのアプリオリな思想が、たんに不確定な思想であるにもかかわらず、経験からも、なんらかの外的な意志からも、何も借りることなく、法則として無条件に命じられているからである。

しかしこれは、ある望ましい結果をもたらすことができる行為を起こすことを求める準則のようなものではない。準則であればこの規則はつねに自然的な条件に制約されたものとなるだろう。そうではなく、これは意志をたんにその行動原理の形式という観点からみて、アプリオリに規定する法則なのである。これは法則であって、しかも原則の主観的な形式としてのみ役立つ法則であり、これが同時に法則一般の客観的な形式によって意志を規定する根拠となると考えることは、決して不可能ではない。

わたしたちはこのような根本法則についての意識を、〈理性の事実〉と呼ぶことができる。というのもこれは自由の意識など、それに先立って理性に与えられたものから無理やりに作りだすことができないからではなく（そもそも自由の意識はわたしたちに前もって与えられていないのである）、この根本法則がそれ自身アプリオリな総合命題としてわたしたちに迫ってくるからである。この総合命題は、純粋な直観にも、経験的な直観にも依拠するものではないが、もしもわたしたちが意志の自由を前提にするならば、これは分析的な命題になることだろう。しかし意志の自由が積極的な概念であるためには、知的直観が必要とされるが、ここではこのような直観を想定することはまったく許されないのである。

ただしこの法則を誤解されることなしに与えられたものとみなすためにわたしたちが注意しなければならないのは、この法則が経験的な事実ではなく、純粋理性にとって独特な一つの事実であるということである。純粋理性はこの事実によって、みずからを根源的に法則を定めるものであると告知するのである（われはかく望む《シック・ウォロー》がゆえに、かく命ずる《シック・ユベオー》)。

系

042　道徳法則

純粋理性はただそれだけで実践的であり、人間にある普遍的な法則を与える。わたしたちはこれを道徳法則と呼ぶのである。

注解

043　意志の神聖さ

すでに述べたこの［理性の］事実は否定することのできないものである。［そのことを確認するには］人間がみずからの行動が法則に適ったものかどうかについて下す判断を分析してみればよいのである。すぐに理解できるように、人間の心の傾きが間に入ってどのようなことを語るとしても、人間の理性はそれに惑わされることなくみずからを強制し、行動する際にはつねに意志の行動原理が正しいものかどうかを、純粋意志に照らして、すなわちみずからに照らして判断する。それは理性がみずからをアプリオリに実践的なものとみなしているからである。

この道徳性の原理は、それが法則を定めるという普遍的な性格のために、意志のさまざまな主観的な違いにかかわりなく、意志を規定する最高の形式的な根拠とされるのである。そしてその普遍性のために理性はこの原理を同時に、すべての理性的な存在者のための法則でもあると宣言するのである。ただしそれも、この理性的な存在者が一般に意志をもち、規則の観念に基づいて［みずからの行動の］原因性を規定する能力をもつかぎりであり、こうした理性的な存在者が原則にしたがって、すなわちアプリオリな実践的な原理にしたがって行動しうるかぎりである。というのも、このようなアプリオリな実践的な原理だけが、理性が原則に求める必然性をそなえているからである。

だからこの原理は人間だけに適用されるのではなく、理性と意志をもつすべての有限な存在者にも適用されるのであり、さらに最高の叡智でもある無限な存在者にまで及ぶのである。しかし有限な存在者に適用される場合にはこの法則は、命法という形式をとる。有限な存在者は理性的な存在者であって、純粋な意志をそなえていることは想定できるが、同時にさまざまな欲求と感性的な動因によって触発される存在者でもあるため、神聖な意志がそなわっていると想定できないからである。この神聖な意志とは、道徳的な法則に矛盾するいかなる行動原理も決してうけいれることのできない意志である。

このため道徳的な法則は有限な存在者にとっては定言的に命じる命法となるが、それはこの法則が無条件的なものだからである。このような意志はこの法則にたいして依存性という関係を結び、これは責務と呼ばれる。責務とは、純粋な理性とその客観的な法則をつうじてではあるが、ある行動をとることを強制されることを意味する。そのためこの行動は義務とも呼ばれる。というのは［有限な存在者のもつ選択意志のように］感受的に触発される選択意志は、この触発によって規定されることはなく、つねに自由ではあるが、主観的な原因から生まれた願望をもつことがあり、純粋に客観的な［意識の］規定根拠に逆らうことがありうるために、道徳的な強制として、実践理性が［こうした願望に］抵抗することが必要だからである（この抵抗は、内的なものではあるが知的な強制と呼ぶことができる）。

すべてにおいて充足している叡智的な主体［＝神］では、その選択意志は、同時に客観的な法則であることのできない行動原理をもつことができないと考えられるのはもっともなことであり、そのためにこうした叡智的な主体には神聖さの概念がそなわっている。この神聖さの概念によって、こうした叡智的な主体はすべての実践的な法則を超越することはないとしても、実践的に制約を加えるすべての法則を超越し、そして責務と義務を超越することになるのである。

この意志の神聖さは同時に実践的な理念であり、この理念は必然的に原型として役立つに違いない。そしてすべての有限な理性的な存在者にふさわしい唯一の営みは、この原型に無限に近づいてゆくことである。そのためにもこの理念は、すべての有限な理性的な存在者の目の前に純粋で、それゆえにみずから聖なるものと称する道徳法則を、たえず正しく掲げるのである。そして有限な実践理性に実現できる最高の営みは、みずからの意志の行動原理を、［この道徳法則にふさわしいものとなるように］無限に進歩させること、この不断の進歩をつづけるために行動原理が確実なものであるようにすること、すなわち徳高くあることである。この徳の高さは、少なくとも自然に獲得された能力としては決して完全なものとはならない。それは［完全なものとなったという］確信が決して必然的な確実さになることがなく、［完全なものとなったと］思い込むことは、きわめて危険なことだからである。

第八節　定理　四

044　意志の自律と他律

意志の自律は、すべての道徳法則の唯一の原理であり、道徳法則に適合した義務の唯一の原理でもある。これにたいして選択意志のすべての他律は、いかなる責務の根拠となることもなく、むしろ責務の原理と意志の道徳性に反するものである。

すなわち道徳性の唯一の原理は、法則のすべての実質から、つまり欲求の対象である客体から独立していること、そして同時に、選択意志を、たんなる普遍的な法則を定めるものとしての形式によって規定することである。行動原理はこのような普遍的な法則を定めるものとしての形式をそなえることができなければならない。

この法則の独立性が、消極的な意味での自由であり、純粋な、そのものとして実践的な理性がみずから法則を定めることが、積極的な意味での自由である。だから道徳法則が表現しているのは、純粋実践理性の自律であり、すなわち自由にほかならない。自律こそがすべての行動原理の形式的な条件であり、すべての行動原理はこの自律という条件のもとでのみ、最高の実践的な法則と一致することができるのである。

ところで意欲の実質とは、［実践的な］法則とむすびついた欲求の客体にほかならず、これが実践的な法則の可能性の条件として、実践的な法則のうちに入り込むと、そこから選択意志の他律が生まれる。これは何らかの衝動や心の傾きにしたがって、自然法則に従属することである。この場合には意志はみずからに法則を与えることはなく、感受的な法則に理性的にしたがうために必要な準則をみずからに与えるだけである。この場合には行動原理は、決してみずからのうちに普遍的な法則を定める形式を含むことができない。そのとき行動原理は、このようにして責務を定めることができないだけでなく、まさに純粋な実践理性の原理そのものに反するものであり、そのようなものとして、道徳的な心構えにふさわしくないものになる（たとえその行動原理による行動が、[結果として] 実践的な法則に適ったものであったとしてもである)。

注解 一

045 実質を伴う準則と実践的な法則の違い

だから実質を伴い、そのために経験的な条件を含む実践的な準則は、決して実践的な法則とみなしてはならない。純粋な意志の法則は自由であるために、この意志は経験的な領域とはまったく異なる領域に入りこむのであり、この法則が表現する必然性は、自然の必然性であってはならないからであり、たんに法則一般の可能性の形式的な条件のもとでしか成立しえないからである。

実践的な規則のすべての実質は、つねに主観的な条件に基づくものである。この条件によって実践的な規則は、理性的な存在者に向けられるたんなる条件づきの普遍性をうけとるだけである。この条件づきの普遍性は、わたしがあれこれのものを欲望するのであれば、それを実現するためにわたしが何をしなければならないかを示すだけである。そしてこうした主観的な条件はすべて、みずからの幸福［を追求する］という原理を中心としているのである。

ところですべての意欲が何らかの対象を、すなわち何らかの実質をもたねばならないのは否定できないことである。だからといってこの実質が、行動原理を規定する根拠となることも、その条件となることもないのである。なぜなら、もしそうであれば行動原理は普遍的な法則を定める形式によって示されることができないからである。というのは、そうなると［意欲の］対象が存在することへの期待が、選択意志を規定する原因となってしまうからであり、ある事柄が存在することに欲求能力が依存していることが、意欲することの根底に置かれなければならなくなるからである。しかもこの依存関係は、つねに経験的な条件のうちにしか求めることはできないために、必然的で普遍的な規則の根拠を与えることができないのである。

たとえば他人の幸福が、理性的な存在者の意志の客体となることはありうることである。しかしこの他人の幸福が行動原理を規定する根拠となった場合には、わたしたちは他人が快適に暮らすことに自然な満足をみいだすだけでなく、人間の同情心につねに伴うような［他人に同情することを求める］欲求を［理性的な存在者のうちに］みいだすことを前提とするようになるだろう。しかしこのような欲求は、すべての理性的な存在者のうちに前提できるものではなく、神のうちにはまったく想定できないものである。だから行動原理には実質が残るものの、この実質が行動原理を条件づけてはならない。それでないと行動原理は法則としては役に立たないだろう。

だから法則のたんなる形式が、その実質を制約するのであって、この形式が同時に、実質を意志につけ加える根拠でなければならず、実質を前提にしてはならないのである。ここで実質がたとえば、「自分の幸福」のようなものだとしよう。わたしはこの実質を他のすべての人も求めると考えることはできるし、実際に有限な存在者はこの実質を求めるとみなすことができる。しかし「すべての人がそれを求めるとしても」それが客観的な実践法則となりうるのは、わたしが自分の幸福のうちに、他人の幸福も含める場合にかぎられる。

このように「他人の幸福を増進せよ」という法則は、「それが法則でありうるのは」すべての人がみずからの選択意志において、幸福の増進を客体とするという前提から生まれるのではなく、たんに普遍性の形式が意志を規定する根拠となっていることから生まれるのである。理性はこの自愛の行動原理に、法則としての客観的な妥当性を与えるために、この普遍性の形式を条件として必要とするのである。だから［この法則では］他人の幸福という客体が、純粋な意志の規定根拠であったわけではない。［「他人の幸福を増進せよ」というこの命題に］たんなる法則としての形式がそなわっていたために、わたしは自分の心の傾きに基づく行動原理を制限し、それに法則としての普遍性を与えることで、純粋実践理性にふさわしいものとしたのである。このようにわたしの自愛の行動原理を、他人の幸福にまで拡張せよという責務の概念が生まれることができたのは、何か外的な動機を追加することによってではなく、こうした［行動原理の］制限によってだったのである。

注解　二

046　道徳性の原理の正反対

道徳性の原理の正反対は、自分の幸福［の追求］という原理が、意志を規定する根拠となる場合である。すでに指摘したように、法則として役立つはずの［意志の］規定根拠が、行動原理の法則を定める形式においてでなく、どこか別の場所において定められている原理はすべて、このような［道徳性の原理の正反対の］原理とみなさねばならない。この［道徳性の原理とそれに正反対の原理との］争いは、経験的に条件づけられた複数の規則のうちで、いずれかの規則を必然的な認識原理にまで高めようとするときに発生する争いと同じように、論理的であるだけではなく、実践的でもある。そして意志についての理性の〈声〉がきわめて明瞭で、かき消されてしまうことができず、ごくふつうの人々も聞き逃すことのないものでなかったならば、この争いは道徳性を完全に破壊してしまったかもしれないのである。そうなると道徳性は、哲学の学派の混乱した思弁の営みのうちだけで、どうにか維持されうるだけになるだろう。こうした哲学の学派は、頭を悩ます価値のない理論を維持するために、あの天から響く声に耳を貸すことがないほどにあつかましくなっているのである。

047　自分の幸福の原理の二つの実例

いつもは親しくつき合っている友人がいて、その友人があるとき偽証したと考えてみよう。そしてその友人が君に、次のような弁明の試みをしたとしよう。まず彼は「自分の幸福」を追求することは、〈神聖な義務〉であると主張したとしよう。次にこれを口実にして、この偽証によって獲得したすべての利点を列挙したとしよう。そして彼は、「自分は抜け目がないので［この偽証が］誰からも暴露されないようにあらゆる配慮をしている」と語り、「いまここで君だけにその［偽証についての］秘密を明かすのであるが、それでも大丈夫だろう、それは自分はいつでもそのことを否認できるからだ」と認めたとしよう。そしてその友人は、「自分は人間の真の義務を遂行しているのだ」と、きわめて真面目に主張したとしよう。そんな場合には君は、その友人を面と向かって嘲笑するか、嫌悪のあまり、あとずさりするのではないだろうか。もちろん君は、ある人がたんに自分の利益を目指して、こうした［自分の幸福という］原則を採用して操作していたところで、そうしたやりかたになんら異議を唱えるべき理由はないだろうが。

また［別の例として］ある人が君たちにある男を、君たちの処理すべきすべての用件を安心して委ねることのできる人物として、君たちの家の管理人として推薦したとしよう。そして君たちに信頼感を与えようとして、その男は自分の利益にきわめて巧みに配慮する抜け目のない人物であり、自分の利益を手にする機会を逃さないよう、弛《たゆ》まず働いていると激賞したとしよう。そしてこの人物は自分の卑しい私欲だけを優先するのではないかという懸念のために、君たちがこの人物を採用しなくなることがないように、その男は上品に生活する術を弁えていて、蓄財や粗野な浪費に走ることはないし、自分の知識を拡げることに、有益な交際の相手を選択することに、さらに困窮した人々に慈善を施すことに満足を感じていると称賛したとしよう。またそのためにはいかなる手段を採用することもはばからない人物であり（手段に価値があるかどうかは、目的によって決まるのである）、また暴露されず、邪魔されるおそれなしで実行できる場合には、この目的のために他人の金や財産も自分のものとして利用する人物であると称賛したとしよう。そんなことがあれば君たちは、この推薦者が君たちをからかっているか、それとも正気を失ってしまったに違いないと考えることだろう。

道徳性と自愛を隔てる境界は、きわめて明瞭に、きわめて厳格に引かれている。ごくふつうの人でも、あるものがどちらの領域に属するかを見誤ることはありえないだろう。これほど真理が明白であるのに、まだ述べるのは余計なことのようではあるが、以下の説明は少なくとも、ふつうの人間の理性の判断を、さらに明確なものとするためには役立つことだろう。

048　幸福の原理の問題点

幸福の原理は、たしかに行動原理を与えることはできるが、意志のための法則として役立つような行動原理を与えることはできない——わたしたちがいかに普遍的な幸福をその客体としていてもである。なぜなら幸福であるかどうかという認識は、まったく経験的な所与に基づくものであるから、そして自分が幸福であるかどうかという各人の判断は、それぞれの人の意見によって著しく異なるものであり、同じ人の意見すら非常に変わりやすいものであるから、幸福の原理は一般的な規則を与えることはできても、普遍的な規則を与えることは決してできないのである。すなわち、平均的にみて妥当することがきわめて多い［一般的な］規則を与えることはできても、いつでも、必然的に妥当しなければならない［普遍的な］規則を与えることはできない。だからいかなる実践的な法則も、この原理を根拠とすることはできないのである。

この原理においては、選択意志の規則の根拠となっているのは、選択意志の客体

［である幸福］であって、この客体が規則に先立っていなければならない。そのためこの規則は、人々が［客体である幸福の実現のために］推奨するものにかかわることができるだけであり、そして経験にかかわり、経験を根拠とすることができるだけである。そのため［経験にかかわるものであるために］各人の判断の違いは限りなく大きなものとならざるをえないのである。

だからこの原理は、幸福という共通の名目のもとにあるものではあっても、すべての理性的な存在者に同一の実践的な規則を指定するものではない。しかし道徳的な法則が客観的で必然的なものと考えられるのは、それが理性と意志をもつすべての人に妥当すべきだからである。

049　自愛の行動原理と道徳性の法則

自愛の行動原理（抜け目のなさ）は、たんに勧告するだけである。これにたいして道徳性の法則は命令する。そして人がわたしたちに勧告する事柄と、わたしたちが責務を負う事柄には、きわめて大きな違いがある。

050
選択意志の自律の原理と他律の原理

選択意志の自律の原理にしたがって何をなすべきかは、ふつうの知性をそなえた人であれば、ごくたやすく、熟慮せずに洞察できるものである。選択意志の他律の原理を前提として何をなすべきかは［洞察が］困難であり、世間知を必要とする。すなわち、何が義務であるかは、誰にでもすぐに理解できることであるが、何が真の持続的な利益をもたらすかは、この利益について［たんに当座のものではなく］その人の全存在にわたって配慮すべきだとなると、つねに見通すことのできない暗闇に包まれたようなものであり、多くの抜け目のない判断が必要となる。それはさまざまな例外を巧みに認めながら、この利益に適った実践的な規則を、その人の人生の目的に、なんとか適合させる必要があるからである。しかし道徳的な法則はすべての人に適用され、しかもきわめて厳格に遵守されることを命じる。だからこの法則にしたがって何をなすべきかを判断するのは、決して困難ではないはずであり、ごくふつうのごく未熟な知性の持ち主でも、抜け目のない世間知をもたずに、この原理にしたがって行動することができるのである。

051 幸福の命令と義務の命令

道徳性の定言的な命令には、誰でも、いつでも十全にしたがうことができるが、経験的に条件づけられた幸福の準則にしたがうことは、誰にとってもごく稀にしか可能ではないし、ただ一つの意図についてでも、「誰にとっても」可能というわけではない。というのも定言的な命令の場合には、真正で純粋な行動原理「にしたがうこと」が問われるだけであるが、幸福の準則の場合には、望ましい対象を実現するための力や身体的な能力がそなわっているかどうかも問われるからである。

「各人はみずからの幸福を実現するように努めよ」というような命令は、愚かしいものだろう。すべての人は自分の幸福を望まざるをえないのであり、それを望むように命じても意味はないのである。［自分の幸福を望んでいる人に、その幸福を実現するために］誰かが何かをなさなければならないとすれば、それは「その人に」方策を命じるか、むしろそうした方策を提供するだけのことだろう。というのも、自分の幸福を望んでいる人も、自分の望むすべてのことを実行できるわけではないからである。

しかし義務の名のもとに、道徳性の実現を命令することは、きわめて理に適ったことである。というのも、道徳性の準則がその人の心の傾きと衝突した場合には、すべての人がこの準則にしたがおうとするとはかぎらないからであり、どのようにして道徳性の法則にしたがうべきかという方策にかんしては、誰からも教わる必要はないからである。これについては人は、自分の望むすべてのことを実行できるのである。

052　ゲームにおける原理の判断基準

ここで、ゲームに負けた人がいると考えてみよう。この人は、自分の間抜けさについて腹を立てるかもしれない。ところでもしその人が［別の場合に］ゲームでごまかしたことを意識している場合には、たとえゲームで勝ったとしても、自分の行為を道徳の法則に照らしたならば、ただちに自分を軽蔑するに違いない。だから道徳の法則は、自分の幸福の原理とは異なるものでなければならない。というのは、その［自分の幸福の原理にしたがって、ごまかしをした］人は、［道徳的な法則にしたがうならば］「わたしはたしかに自分の財布を膨らませたが、無価値な人間である」とみずからに言わねばならないが、〔幸福の原理にしたがうならば〕自分に喝采をして「わたしは自分の財産を増やしたから、抜け目のない人間である」と語るだろう。だからこれらは異なる判断基準にしたがっているに違いないのである。

053　罰と正義

最後に、わたしたちの実践理性の理念には、道徳的な法則に違反した場合には、罰に値するという考え方が含まれている。この罰そのものの概念は、幸福を享受することとはまったく結びつかない概念である。罰する人が同時に、慈悲深い意図をもっていて、この罰をこの〔罰せられる者の幸福という〕目的に役立てようとするかもしれないが、罰はもともと罰として、たんなる災いと認めざるをえないものである。だから罰せられた者は、災いが災いのままであり、この厳しい処置の背後に潜んでいるかもしれない好意をみることができないとしても、罰が与えられるのは当然のことであり、自分の運命がみずからの行動にふさわしいものであることを、みずから認めなければならないのである。

すべての罰において、それが罰であるかぎりは、まず正義が存在していなければならない。この正義がこの［罰という］概念の本質的な要素となっている。たしかに正義には慈悲深さが結びついていることがあるが、罰に値する者には、そのふるまいから判断して、慈悲を期待すべき理由はまったくない。罰は自然的な災いであり、この災いが自然の結果として道徳的な悪と結びついていないとしても、道徳的な法則を定める原理の帰結としては、道徳的な悪と結びつかざるをえないだろう。

ところですべての犯罪は、犯人がうける自然の結果［としての不運］について考慮しないとしても、それ自体で罰せられるべきものであり、犯人の幸福を、少なくとも部分的には損なうものである。だから、犯罪とは、犯人がみずから罰を招いて、みずからの幸福を損なったことそのものにあると主張するのは（自愛の原理によると、みずからの幸福を損なうことは、犯罪のほんらいの概念である）、明らかに不合理なことである。この主張に基づくならば、犯罪が犯罪と呼ばれるのは、それが罰せられるからだということになるし、正義とはむしろ、すべての罰を廃止することであり、自然的な罰すら廃止することだということになるだろう。そうなると、行為のうちにはもはや悪というものが存在しなくなる。というのも、災いが生まれるのは何らかの行為の結果であり、その災いを伴うために、その行為が初めて悪と呼ばれたのに、［正義によって罰が廃止されると］その災いが訪れることがいまや妨げられるようになるからである。

また、すべての罰と報賞は、より高き力［である神］のもとにある〈道具〉であって、この道具が役立つのは、理性的な存在者を罰と報賞によって、その最終的な意図、すなわち幸福の実現のために働かせるためだと考えるならば、それは理性的な存在者の意志からすべての自由を廃棄するメカニズムになってしまうのはきわめて明白なことである。こうした考えについて、さらに考察する必要はないだろう。

054　道徳感覚説

これと同じように誤っているが、さらに洗練されている議論として、人間には特別な道徳的な感覚能力がそなわっているという説がある。この説によると、道徳的な法則を規定するのは理性ではなく、この道徳的な感覚能力であることになる。この感覚能力によって人は、自分が有徳であると意識するとすぐさま満足と充足を覚え、悪徳であると意識すると心に不安と苦痛を感じるのだという。結局は［徳が快感をもたらすことになるのだから、有徳であることは幸福をもたらすことになり］、すべてが自分の幸福の実現を求める要求に基づくものとなってしまうのである。

すでに述べてきたことを繰り返すのは避けて、ここではこの説に存在している欺瞞を指摘するにとどめよう。この説を主唱する人は、不品行な人間は、自分が犯した犯罪を意識すると、心に不安を抱いて苦しめられると想定しているのであるが、そのように想定するには、その人の性格の基礎がきわめて優れていなければならないはずである。すなわちこの不品行な人物が少なくともある程度は道徳的に善人であることを、あらかじめ想定しておかなければならないことになる。同じように、人が自分の行為が義務に適ったものであると意識すると満足を感じるはずだと想定するためには、その人があらかじめ有徳であると考えておかねばならない。

だから道徳性や義務の概念は、こうした満足についてのあらゆる配慮に先立つものでなければならず、満足から導きだすことはできないのである。わたしたちは義務と呼ばれるものの重要性を、道徳的な法則の威信を、そして道徳的な法則を遵守することで、その人がみずから感じることのできる直接的な価値を、あらかじめ高く評価しておかなければならない。これらを評価しているからこそわたしたちは、自分が道徳的な法則に適合していることを意識すると満足を感じるのであり、道徳的な法則に違反しているとみずからを非難できる場合には、厳しい叱責を感じるのである。

だからこのような満足や心の不安は、みずからの責務に先立って感じることはできないのであり、こうした満足や不安を、責務を認識するための根拠とすることはできないのである。こうした感覚について少しでも思い描くことができる人は、少なくとも半ばは誠実な人間でなければならない。ところでわたしは、人間の意志は自由であり、道徳法則によって直接に規定されうること、そしてこの［道徳法則の］規定根拠にしたがって頻繁に行動することで、主観的にみずからのうちに満足した感情がもたらされることを否定するつもりはない。むしろこうした感情を確立し、育てることは義務なのであり、こうした感情こそが、そもそも道徳感情と呼ばれるに値するものである。しかし義務の概念を道徳感情から導きだすことはできない。それでないとわたしたちは、法則そのものの感情のようなものが存在すると想定しなければならなくなるし、理性だけが思考できるものを、感覚の対象としなければならなくなるだろう。これは明白な矛盾であり、これが矛盾とされないようであれば、義務のすべての概念は廃棄されることになる。これに代わって登場するのは、洗練された心の傾きが、ときに粗雑な心の傾きと競いあうたんなる機械的な戯れのようなものだろう。

055　道徳性の原理の分類

ここで、意志の自律としての純粋実践理性の形式的な最高の原則と、これまで議論されてきた実質を伴う道徳性の原理を比較してみよう。そしてすべての道徳性の原理を一つの表にまとめてみよう。この表に、ただ一つの形式的な原則をのぞいて、ありうる他のすべての道徳性の原理を列挙すれば、これらを同時に比較することができる。この表を調べることで、すでに述べた［形式的な］原理のほかの原理を探しても空しいことがすぐに証明できるのである。

意志を規定する根拠として可能であるのは、主観的であって、そのために経験的な根拠であるか、あるいは客観的であって、合理的な根拠であるかのいずれかである。さらにこれらの双方とも、外的な根拠と内的な根拠に分類することができる。

056 道徳性の実質的な原理の表

道徳性の原理における実質を伴う実践的な規定根拠

主観的な根拠	外的な根拠	教育（モンテーニュによる）
		社会的な制度（マンデヴィルによる）
	内的な根拠	自然な感情（エピクロスによる）
		道徳的な感情（ハチソンによる）
客観的な根拠	内的な根拠	完全性（ヴォルフとストア派による）
	外的な根拠	神の意志（クルジウスや神学的な道徳学者による）

057　道徳性の原理についての結論

表の右側の主観的な根拠はすべて経験的なものであり、道徳性の普遍的な原理として役立たないのは明らかである。しかし表の左側の客観的な根拠は理性に依拠したものである。というのは、事物の性質として考えられた完全性と、実体において思い描かれた最高の完全性である神は、どちらも理性概念によってしか考えることができないからである。

この第一の［内的な根拠としての］完全性の概念は二つの意味で考えられている――理論的な意味においては、それぞれの事物がその種において、超越論的な意味での完全性をそなえる状態が考えられているか、あるいは事物一般について、形而上学的な意味での完全性をそなえた状態が考えられているのである。こうした完全性はここでは考察する必要はないだろう。しかし実践的な意味における完全性の概念では、ある事物がすべての目的に役立つか、十分である状態が考えられている。この完全性は、人間の性質としては、すなわち内的な完全性としては、才能であり、この才能を強化し、補強する熟練である。

［第二の］実体において考えられた最高の完全性である神は、実践的な立場からみると外的な［根拠としての］完全性であり、この存在者［神］がすべての目的一般にたいして十分であることを意味している。

さて、［これらの完全性という概念を考えるためには、まず］わたしたちにはあらかじめ目的が与えられている必要があり、この目的との関係で、何らかの完全性の概念だけが意志を規定する根拠になることができると考えねばならない。完全性の一つは、わたしたち自身における内的な完全性であり、もう一つは神における外的な完全性である。そしてこうした目的は、わたしたちに客体として与えられ、これが実践的な規則に基づいた意志の規定に先立って存在していて、意志を規定する可能性の根拠を含んでいる必要がある。こうした目的がつねに経験的なものであるならば、このような意志を規定する根拠である実質もつねに経験的なものとなる。これは幸福論を主張するエピクロスの原理には役立つとしても、道徳論と義務との純粋な理性原理に役立てることはできないのである。というのも［内的な完全性としての］人間の才能とその促進は、生活のさまざまな利益に役立つという意味で、意志の動因となることができるる［ものであり、純粋な理性原理ではない］。また［外的な完全性としての］神の意志は、神の理念から独立した人間の実践的な原理を土台とせずに、神の意志との一致が意志の客体として定められた場合には、わたしたちが神の意志によって幸福がえられることを期待するという意味で、意志の動因となることができるのである［から、これも純粋な理性原理ではない］。これによって次のような結論がだされる。第一にここに示されたすべての原理は実質を伴うものであり、第二にこの表に示された原理は、実質を伴う原理として可能なすべての原理を包括的に示したものである。そこで最後に次のことが結論される。すでに証明されたように、実質を伴う原理は最高の道徳法則としてはまったく役立たないものであるから、定言命法として、行為を義務たらしめる実践的な法則として役立つ唯一の可能な原理は、純粋理性の形式的な実践的原理だけであるということである。この原理によれば、わたしたちの行動原理によって可能となる普遍的な法則を定めるたんなる形式だけが、意志を直接に規定する最高の根拠となる。そしてこの原理は、［人間の意志の道徳性を］判定する際にも、意志を規定するために、それを人間の意志に適用する際にも、そもそも道徳性の原理として役立つものなのである。

第一項　純粋実践理性の原則の根拠づけについて

058 純粋実践理性の可能性

この分析論が示したのは、純粋理性は実践的でありうるということである。純粋理性はそれだけで、すべての経験的なものから独立して、意志を規定することができるのである。このことは純粋理性が実際に実践的であるという事実、すなわち理性が道徳性の原則において自律しているという事実によって証明されていることであり、この自律によって理性は意志を行為へと規定するのである。

またこの分析論が同時に明らかにしたのは、この事実は意志の自由の意識と分かちがたく結びついていること、それだけでなくこの自由の意識と一体のものであるということである。理性的な存在者の意志は、みずから感性界に属するものとして、他の作用因とおなじように必然的に原因性の法則にしたがうものであることを認識しているが、［この自由な意識をもつことで、］理性的な存在者の意志は、実践的な営みにおいては、すなわち同時に他方で存在者そのものとしては、事物の叡智的な秩序において規定されうる現実存在であることも意識するようになるのである。しかも自己についての特殊な［知的］直観によるものではなく、感性界におけるみずからの原因性を規定することのできるある種の力学的な法則によって、そのことを意識するようになるのである。別の著作［『道徳形而上学の基礎づけ』］で十分に証明したように、わたしたちに自由が与えられるときには、わたしたちはその自由によって事物の叡智的な秩序に属する者となるからである。

059

『純粋理性批判』における分析論

ここで本書の分析論と純粋な思弁的な理性批判［『純粋理性批判』］の分析論を比較してみると、大きな違いがあることが明らかになる。そこ［『純粋理性批判』］の分析論］で最初に与えられていたのは、原則ではなく、純粋な感性的な直観である空間と時間だった。これがアプリオリな認識を可能にしたのだが、これはたんに感覚能力の対象についてのアプリオリな認識であった。

こうした認識では、直観なしでたんなる概念だけによっては総合的な原則が成立することはできず、感性的な直観と結びついて、したがって可能的な経験の対象だけについて、総合的な原則が成立できたのである。というのもわたしたちが経験と呼んでいる認識は、知性のさまざまな概念とこの直観が結びつかなければ成立しないからである。

　経験のさまざまな対象を超えるところでは、すなわち叡智的な存在《ヌーメノン》としての事物「自体」については、思弁的な理性はいかなる積極的な認識も行うことができないと考えられたが、それは正当なことだった。それでもこの思弁的な理性は、この叡智的な存在の概念を、すなわち叡智的な存在について思考する可能性を、さらにその必然性までを、確保することができたのであった。そしてたとえば消極的な自由を想定することは、純粋な理論的な理性に定められた原則や制限と矛盾することがないことを示して、この消極的な自由をあらゆる反論から擁護したのだった。しかし理論的な理性は、こうした「叡智的な」対象について、なにか確定的なことや拡張的なことを認識させたのではなく、むしろこのような認識が可能であるというあらゆる見込みを、完全に否定したのである。

060　道徳的な法則の示したもの

これにたいして道徳的な法則は、こうした見込みを確保するものではないが、しかし感性界のすべての所与によっても、わたしたちの理論的な理性をいかなる領域で利用することによっても、まったく解明することのできない事実をわたしたちに提示しているのである。この事実は、純粋な知性界［すなわち叡智的な世界］の存在を示し、さらにこの知性界を積極的に規定するだけでなく、この知性界に属するあるもの、すなわち一つの法則を、わたしたちに認識させるのである。

061　原型的な自然と模型的な自然

この法則は、理性的な存在者にとっての感性的な自然である感性界に、知性界の形式、すなわち超感性的な自然という形式を与えるものであるが、それによって感性界のメカニズムが破壊されることはない。ところで自然とは、もっとも一般的な意味では、さまざまな事物が法則のもとに現存している状態である。理性的な存在者一般にとっての感性的な自然は、経験的に条件づけられた法則にしたがって理性的な存在者が現存することであって、理性にとっては他律である。

　これにたいしてこの同じ理性的な存在者にとって超感性的な自然は、何よりもあらゆる経験的な条件から独立した法則にしたがって現存することであり、この法則は純粋理性の自律に属するものである。わたしたちが事物の現存を認識するために利用する法則は実践的な法則であるから、超感性的な自然は、わたしたちがそれを概念によって把握するかぎりでは、純粋実践理性の自律のもとにある自然である。

　しかしこの自律の法則とは道徳法則のことである。だから道徳法則は、超感性的な自然の根本的な法則であり、純粋な知性界の根本的な法則である。そして知性界を写しだす模像が、感性界のうちに、しかも感性界の［自然の］法則を破壊せずに現存しなければならない。わたしたちは、たんに理性のうちだけで認識する純粋な知性界を、原型的な自然（ナトゥラ・アルケテュパ）と呼び、感性界のうちの模像を模型的な自然（ナトゥラ・エクテュパ）と呼ぶことにしよう。この模像には、わたしたちの意志を規定する根拠となる純粋な知性界の理念によって生まれうる結果が含まれているのである。というのも実際のところ道徳法則によってわたしたちは、この理念のもとで一つの自然のうちに存在するようになるからであり、この自然のうちで純粋理性は、適切な自然的な能力をそなえているならば、最高善を生みだすはずであろうし、さらに道徳法則はわたしたちの意志を規定して、理性的な存在者の総体としての感性界に形式を与えるからである。

062　下絵としての原型的な自然の理念

この「原型的な自然という」理念が実際に、わたしたちの意志の規定にとって、いわば下絵のような模範となっていることは、みずからについて、ごくふつうに考察してみるだけでも確認できることである。

063　行動原理と普遍的な自然法則

わたしがここで、自分の行動原理にしたがってある証言をすると想定してみよう。

そのときわたしは、実践理性によってこの行動原理を点検して、これが普遍的な自然法則として妥当するようになったらどうなるかを吟味してみるのである。このような吟味を行うならば、誰もが誠実になることを強いられるのは、明らかである。証言によって何かを証明しようとしながら、それを故意に虚偽のものとして妥当させようとするのは、明らかに自然法則の普遍性に反するからである。

またわたしが自分の生命を自由に処分できる［すなわち自由に自殺できる］という行動原理を採用すべきかどうかを検討する際には、わたしは自然がある法則のもとでみずからを維持するためには、どのような行動原理が求められるかを自問してみれば、［自殺の容認を行動原理とした場合には自然が破壊されるので、この行動原理を採用すべきでないことは、］すぐに明白になるだろう。このような自然［の保存の原理］においては、誰も恣意的に自分の生命を絶つことができないのは、明らかである。［すべての人が］このような態度を採用した場合には、自然の秩序は維持されえないだろう。その他のすべての事柄についても、同じことが言えるのである。

ところで経験の対象である現実の自然においては、自由な意志はみずから進んで、普遍的な法則にしたがって自然をみずから確立するような行動原理によって規定されることはできないし、またこうした普遍的な法則にしたがって秩序づけられた自然におのずとふさわしい行動原理によって規定されることもできない。行動原理を規定するのは［自由な意志ではなく］むしろ個人の心の傾きであって、これはたしかに感受的で物理的な法則にしたがって自然の全体を構成するものではあるが、純粋な実践的な法則にしたがって、わたしたちの意志だけが確立できるような自然を構成することはないのである。

それにもかかわらずわたしたちは理性によって、一つの法則を意識しているのであり、この法則は、わたしたちの意志によって同時に自然の秩序が発生しなければならないかのごとくに、わたしたちのすべての行動原理を従属させるのである。だからこの法則は、経験的には与えられることがなく、それでも自由によって可能になる自然の理念、すなわち超感性的な自然の理念でなければならない。わたしたちは少なくとも実践的な観点から、こうした自然に客観的な実在性を与えるのである。というのもわたしたちはこの自然を、純粋な理性的な存在者としてのわたしたちの意志の客体と考えるからである。

064　意志が従属する自然の法則と意志に従属する自然の法則

だから意志が従属する〔感受的な〕自然の法則と、意志と意志の自由な行動の関係が問題とされる場合に意志に従属する〔超感性的な〕自然の法則とは異なる。その違いは、意志が従属する自然の法則においては、客体が意志を規定する像の原因でなければならないのにたいして、意志に従属する自然の法則の場合には、意志が客体の原因でなければならないということにある。だから〔意志に従属する自然の法則を規定する〕原因が原因として働くのは、それが規定される根拠がたんに純粋な理性の能力のうちにあるからであって、この理性の能力を純粋実践理性と呼ぶことができるのである。

065　二つの課題

だからここで二つの課題が定められるのであるが、これらの課題はきわめて異なる性質のものである。すなわち一方では、いかにして純粋な理性がアプリオリに客体を認識することができるかという［『純粋理性批判』で考察された］課題であり、他方では、いかにして純粋な理性が直接に意志を規定する根拠となりうるかという［『実践理性批判』で考察されるべき］課題である。第二の課題を言い換えるとこうなる――純粋な理性は、客体の現実性という観点からみて、みずからの行動原理を法則として普遍的に妥当させるという思想だけによって、いかにして理性的な存在者の原因性を規定する根拠となりうるだろうか。

066　第一の課題の解決

第一の課題は〈純粋な思弁的理性の批判〉に属するものであり、この課題を解決するためには、わたしたちには直観によらずには、いかなる客体も与えられることがなく、いかなるものも総合的に認識することができないのに、こうした直観がどのようにしてアプリオリに可能であるかを解明する必要がある。この解明によって明らかになるのは、直観はすべて感性的なものにすぎず、可能的な経験を超えたところにまで進もうとする思弁的な認識は可能ではないこと、そのため、かの純粋な思弁的な理性のすべての原則は、与えられた対象について経験を可能にするか、あるいは無限に与えられうるとしても完全には与えられることのない対象について経験を可能にするだけであって、それ以上のことは実現できないということである。

067　第二の課題

第二の課題は〈実践理性の批判〉に属するものであり、ここでは欲求能力の客体がどのようにして可能であるかという問題を解明する必要はない。この問題は理論的な自然認識の可能性の問題として、思弁的な理性の批判［『純粋理性批判』］に委ねられているからである。ここで解明する必要のある問題は、理性がどのようにして意志の行動原理を規定することができるかということである。理性は経験的な像や観念［＝表象］を規定根拠として媒介させることで、初めて意志の行動原理を規定できるのだろうか、それとも純粋な理性がまた実践的な理性として、可能ではあるが経験によって認識することのまったくできない自然秩序の法則なのだろうかという問題である。

このような超感性的な自然の可能性を証明するためには、叡智界のアプリオリな直観は必要ではない。このような直観は超感性的な直観であって、わたしたち人間には不可能なものなのである。そしてこの超感性的な自然の概念は同時に、わたしたち人間の自由な意志を通じて、こうした自然の現実性の根拠となるものである。

［このようなアプリオリな直観が不要であるのは、］ここで問題になっているのが、意欲の行動原理において意欲の規定根拠となるのはどのようなものか、経験的な規定根拠なのか、それとも純粋理性の概念であるのか、すなわち一般的に純粋理性が法則に適合したものかどうか、そしてその場合には規定根拠はどのようにしてこの純粋理性の概念でありうるのかということだからである。

意志が原因となることで客体の現実性をもたらすことができるかどうかという問題は、意欲の客体の可能性の問題であり、これは理性の理論的な原理において判断すべき事柄である。それにたいしてこの客体を直観することができるかどうかという問題は、実践的な課題にはまったく含まれない。ここでわたしたちが問うているのは、意志の規定と、自由な意志としての意欲の行動原理を規定する根拠だけであり、それがどのような成果をもたらすかではない。

というのは意志が純粋理性にとって法則に適ったものでありさえすれば、意志が遂行される際の意志の能力はどのようなものであってもよいからである。一つの可能的な自然に法則を与える行動原理によって、このような自然が実際に生じるかどうかは、批判において考察すべき問題ではない。ここで考察が必要なのは、純粋理性が実践的でありうるかどうか、すなわち直接に意志を規定するものでありうるかどうか、そしてどのようにして意志を規定することができるかということである。

068 自由の概念

だからこの課題を遂行するにあたって批判は、咎められることなく、純粋な実践的な法則とその現実性の問題から作業を始めることができるし、そうしなければならないのである。しかし批判がこの実践的な法則の基礎とするのは［認識の場合のように］直観ではなく、叡智界においてこの法則が現実に存在するという概念、すなわち自由の概念である。なぜならば自由の概念は、叡智界において実践的な法則が現実に存在することを意味するものである。実践的な法則は意志の自由を考慮にいれた場合に初めて可能となり、しかも自由を前提とすることで必然的なものとなるからである。逆に表現すると、自由が必然的なものとなるのは、実践的な法則が実践的な要請として、必然的であるからである。

ところがこの道徳法則の意識がどのようにして可能になるのか、あるいは同じことではあるが、自由の意識がどのようにして可能となるのかは、これ以上は説明できない。ただ自由が許容できるものであることは、理論的な批判［『純粋理性批判』］において十分に弁護されているのである。

069　実践理性の最高原則の解明と根拠づけ

このようにして実践理性の最高原則の解明が行われたことになる。この解明においてまず、この最高原則が何を含むものであるかが、そしてこの原則は完全にアプリオリに、経験的な原理とは独立して、それだけで成立するものであることが示された。次に、この最高原則は他のすべての実践的な原則とどのように違うものであるかということが示された。

ところで実践理性の最高原則の根拠づけ［＝演繹］は、『純粋理性批判』において遂行された」純粋な理論的な知性の原則の根拠づけほど順調に進められると期待してはならない。この根拠づけでは、実践理性の最高原則が客観的で普遍的な妥当性をそなえていることの正当性を示し、こうしたアプリオリな総合命題の可能性が洞察される必要があるのである。

というのも純粋な理論的な知性の原則は、可能な経験の対象に、すなわち現象にかかわるものだったのであり、これらの現象が経験の対象として認識できるためには、これらの現象はこれらの法則［すなわち純粋な理論的な知性の原則］にしたがってカテゴリーに含められなければならないこと、そしてすべての可能な経験はこれらの法則に適合しなければならないことを、証明できたのだった。

しかし道徳法則の根拠づけでは、このような道をたどって作業を進めることはできない。というのも道徳法則がかかわるのは、どこか別の場所から理性に与えられる対象の性質についての認識ではなく、みずからが対象の現存の根拠となることのできるような認識であるからであり、そしてその認識によって理性的な存在者のうちで原因となることができるような理性、すなわち意志を直接に規定する能力とみなすことができる純粋な理性であるからである。

070　道徳法則の必然的な確実性

しかし人間の洞察というものはすべて、ある根本的な力あるいは根本的な能力に到達したところで終わりを迎えるものである。なぜならこうした力や能力の可能性はどのようにしても把握することができず、恣意的に作りだしたり、想定したりすることが許されないものだからである。だから理性の理論的な使用においては、このような力や能力を想定する権限を与えてくれるのは、経験だけである。

しかし純粋な実践理性の能力の「根拠づけの」考察においては、アプリオリな認識の源泉から〈根拠づけ〉を行う代わりに、経験的な証明で代用するという方法を採用することは禁じられている。というのも、そのものの現実性を証明する根拠を経験のうちに求めることができるものであれば、その可能性の根拠もまた経験的な原理に依存したものとならなければならないだろう。しかし純粋で実践的な理性の場合には、その「純粋であるという」概念からして、こうした種類のもの「すなわち現実性を証明する根拠を経験のうちに求めることができるもの」とみなすことはできないからである。

また道徳法則は、いわば純粋な〈理性の事実〉として与えられているものであって、わたしたちはこの事実をアプリオリに認識しているし、この事実は必然的に確実なものである——この道徳法則が厳密に遵守されているいかなる実例も、経験のうちにみいだせなかったとしてもである。だから道徳法則の客観的な実在性は、どのような〈根拠づけ〉によっても証明できないし、理論的な理性、思弁的な理性、経験的に支えられた理性のどのような努力によっても証明できないものなのである。そして「道徳法則の」必然的な確実性は断念するとしても、それでも道徳法則の客観的な実在性は、いかなる経験によっても確証できないし、アポステリオリには証明できないものではあるが、それでもやはりこれは「すなわち道徳法則の客観的な実在性は」それだけで「理性の事実として」すでに確立されているのである。

071　道徳法則と自由の概念

このように道徳的な原理を〈根拠づける〉ことは空しい営みであるが、この営みに代わって、ここでまったく別の逆説的な事態が発生する。それはこの道徳的な原理が反対に、ある探求不可能な［自由という］能力の〈根拠づけ〉の原理として役立つということである。この［自由という］能力はいかなる経験によっても証明できないものであるが、思弁的な理性はこの能力が少なくとも可能であることは想定しなければならなかった。というのも思弁的な理性は、みずからと矛盾しないためには、『純粋理性批判』の第三の二律背反において］宇宙論的な理念のうちに無条件的な原因性をみいだそうとして、この能力が少なくとも可能性であると想定しなければならなかったのである。この能力こそが自由である。道徳法則は、［理性の事実として認識されているために］みずからの正当化のためにはいかなる根拠も必要としないが、この道徳法則に拘束されることを認識している［人間という］存在者において、自由がたんに可能であるだけではなく、現実的なものであることを証明するのである。

道徳法則とは事実において、自由による原因性の法則であり、超感性的な自然の可能性の法則である。これは感性界において出来事を支配する形而上学的な法則が、感性的な自然の原因性の法則であったのと同じことである。だから道徳法則は、思弁的な哲学が規定できないままに放置せざるをえなかったもの、そしてそのものについて消極的な概念しかもちえなかったものである原因性の概念について、法則を規定するのである。そしてこの原因性の概念に初めて客観的な実在性を与えるのである。

072　道徳法則が理性に与えた恩恵

道徳法則にはこのような［原因性としての自由の客観的な実在性を示すという］種類の信任状が与えられているのであり、道徳法則そのものが、純粋な理性の原因性としての自由の根拠づけの原理として立てられていることを考えると、そして理論的な理性は、少なくとも自由の可能性を想定するように強いられていたことを考えると、この信任状は、理論的な理性がアプリオリな正当化を行えなかったために必要とされたものすべてを補うに足る十分なものである。

というのも道徳法則はみずからの実在性を、思弁的な理性の批判［である『純粋理性批判』］にも満足できるように証明しているのである。思弁的な理性は、［自由という］原因性をたんに消極的にしか思考することができず、その可能性を把握できないにもかかわらず、想定せざるをえなかった。ところが道徳法則はこの［自由という］原因性に積極的な規定をつけ加えて、意志の行動原理の普遍的な法則を与える形式という条件を通じて、意志を直接に規定する理性という概念をつけ加えたのである。理性はそれまで思弁的にふるまおうとすると、つねに理性の理念によって［理性に定められた限界を］超えてしまったのであるが、道徳法則によって理性は初めて客観的な実在性を（ただしたんに実践的な実在性を）獲得することができるようになったのである。これは理性の超越的な使用を、内在的な使用に変化させ、理性は経験の領域で、理念によってみずから作用する［自由な］原因となったのである。

073　自由と原因という思想

感性界そのもののうちに存在する存在者の原因性の規定は、決して無条件的なものとなることはできなかった。それにもかかわらず、すべての［出来事の］条件づけの系列には、ある無条件的なものが、すなわちみずからをまったくみずからによって決定する原因性が存在しなければならないことは必然的であった。そのために絶対的な自発性をもつ能力としての自由の理念は、純粋な思弁的な理性が欠如するものとして必要とするものではなく、その可能性という観点からみると、純粋な思弁的な理性にそなわる分析的な原則だったのである。

ただし現象としての事物の原因のうちには、端的に無条件的であるような原因性の規定をみいだすことはできないので、何らかの経験のうちに、この自由の理念にふさわしい実例をみいだすことは絶対に不可能である。そのためにわたしたちは、自由に行動する「存在者による」原因という思想を、感性界に存在しているものの、他方では叡智的な存在《ヌーメノン》とみなすことができる「人間という」存在者に適用するかぎりで、擁護することができるだけだった。その際にわたしたちが示したのは、この「人間という」存在者のすべての行為は、現象であるかぎりにおいては自然的に条件づけられているとみなしながら、同時にこの行為する存在者が知性的な「叡智的な」存在者であるかぎりにおいては、この行為の原因性を自然的に条件づけられていないとみなすことは矛盾したことではないこと、そしてこのようにして自由の概念を理性の統制的な原理とすることは、矛盾したことではないことであった。わたしはこの統制的な原理によっては、自由の原因性が帰せられる対象が何であるかはまったく認識しないものの、「それまで自由が認められないために理論的な理性に存在していた」障害物をとりのぞくのである。というのも、わたしは一方においては、世界において発生した出来事を説明する際に、そして理性的な存在者の行為を説明する際に、条件づけられたものからそれを条件づけるものへと無限に溯る自然の必然性のメカニズムの正しさをそのまま認めておきながらも、他方では思弁的な理性のために空虚な場所、すなわち叡智的《インテリギベル》なものの場所を開いておいて、［思弁的な理性が］そこに無条件的なものを置くことができるようにしたのである。しかしわたしはこの思想を現実化することはできなかった。すなわちこの思想を、自由に行為する存在者の認識へと変えることは、その可能性すら認めることもできなかったのである。

いまやこの空虚な場所を満たすのは純粋な実践理性であり、純粋な実践理性は叡智界における自由による原因性の特定の法則、すなわち道徳法則にしたがって、この空虚な場所を満たすのである。これによって思弁的な理性は、みずからの洞察においてはいかなるものも獲得することはなかったのであるが、思弁的な理性にとって不確定だった自由という概念を確保するという意味では、得るところはあったのである。こうして自由の概念はここに疑う余地のない客観的な実在性を獲得したのである（ただし実践的な実在性にすぎない）。

純粋な理性の批判が証明したように、原因性という概念の適用とその意義は、ほんらいはたんに現象のうちで、現象を経験に結びつけるために生まれるものである。そして思弁的な理性は、原因性という概念を、そしてこの概念の使用を、前記の［現象のうちだけという］定められた境界を超えて、拡張することはない。

　というのも思弁的な理性がこの境界を超えて［この概念を適用して］しまうと、原因と結果という論理的な関係が、感性的な直観とは異なる種類の［知的な］直観によって、どのようにして総合的に使用されることができるか、すなわち叡智的な原因《カウサ・ヌーメノン》がどのようにして可能になるかを、示そうとしなければならなくなるのである。しかし思弁的な理性は、どうしてもこの可能性を示すことはできない。ところが理性は［思弁的な理性としてではなく］実践的な理性としては、このような可能性の証明にはまったく配慮しない。理性は、感性的な存在者としての人間の［行為の］原因性（これはすでに与えられたものである）の規定根拠を、純粋な理性のうちに置くのである（そのためにこの理性は実践理性と呼ばれるのである）。この原因性の概念は、知性において、すべての直観とは独立した形でアプリオリにみいだされるものであるから、理性は理論的な認識のために原因性という概念を客体に適用することはまったく無視することができる。そして理性はこの概念を、対象を認識するという目的のためではなく、対象一般について原因性を規定するという目的のために、すなわち実践的な意図だけにおいて使用するのであり、こうした意志を規定する根拠を、事物の叡智的な秩序のもとに置くことができるのである。ただし理性は同時に、こうした事物を認識するためには、原因という概念がどのような規定をそなえていればよいかはまったく理解できないことを、進んで認めるのである。

しかし理性は、感性界における［存在者の］意志による行為の原因については、明確に認識しなければならない。これが認識できなければ、実践理性は現実にはいかなる行為を遂行することもできないだろう。それでも理性は、みずから叡智的な存在として行う行為の原因性について構成する概念を、理性が超感性的に現存することを認識するために理論的に規定する必要はないし、そのための意義を概念に与える必要もない。というのもこの概念は、たんに［理性の］実践的な使用のためだけに、すなわち道徳法則によって、意義を獲得しているからである。

理論的にみるとこの原因性という概念は、純粋でアプリオリに与えられた知性概念であることに変わりはなく、この概念は対象に適用することができるものである。その対象が感性的に与えられうるか、感性的に与えられないものであるかは問題ではない。対象が感性的に与えられないものであるときには、この概念は特定の理論的な意義や適用をもたず、たんに客体一般についての知性の形式的な（ただし本質的な）思想にとどまる。理性が道徳法則を通じてこの概念に与える意義は、実践的なものにすぎない。それは意志の原因性の法則の理念そのものに原因性がそなわっているからであり、この理念はその原因性の規定根拠であるからである。

第二項　純粋理性は、実践的な使用においては、思弁的な使用だけでは不可能な拡張を行えることについて

074

実践理性の「越権」

わたしたちはこれまで、道徳的な原理に基づいて原因性の法則を定めたが、これは原因性の規定根拠を、感性界のすべての条件を超えたところに定め直すものである。また叡智界に属するものとして規定できる意志を、そしてこの意志の主体としての人間を、純粋に知性界に属するものとして考えただけでなく、その原因性にかんしても、

感性界のいかなる自然法則にも含めることができない［道徳的な］法則を通じて、この意志を規定したのである。――ただし純粋な思弁的な理性の批判［『純粋理性批判』］において指摘されたように、わたしたちは純粋に知性界に属するものとしての人間については、知ることができないのであった。このようにしてわたしたちの認識は、感性界の限界を超えるところまで拡張されたのであるが、しかし純粋な理性の批判はいかなる思弁においても、こうした越権が無効であることを宣言していたのである。ではここで、理性能力の限界の規定にかんして、純粋な理性の実践的な使用と、純粋な理性の理論的な使用を、どのようにして調和させることができるのだろうか。

075　ヒュームの異議

ディヴィッド・ヒュームは、純粋な理性のさまざまな権利にたいして、あらゆる種類の異議申し立てを始めた人物であり、彼の異議によってこれらの権利を全面的に再検討することが必要となったのである。ヒュームは次のように推論する。原因という概念は、異なる事物が、それが異なるかぎりで、それぞれの現存が結びつけられることが必然的なものであるという概念を含むものである。だからAが現存するという場合には、［原因の概念によって］Aとはまったく異なるもの、すなわちBもまた現存するのは必然的であることが認識されるのである。ところがこの必然性が認められるのは、その結びつきがアプリオリに認識できる結びつきにかぎられる。というのは、［アポステリオリな］経験によってはある結合が存在することを認識できるだけであり、その結合が必然的なものであることは認識できないからである。

そこでヒュームは、ある事物と、それと異なる事物のあいだに成立する結びつき、あるいはある規定とそれとまったく異なる規定のあいだに成立する結びつきは、それが知覚のうちに与えられていない場合にはアプリオリに、そして必然的なものとして認識することはできない、と指摘する。

だから［ヒュームによると］原因という概念そのものが偽りであり、欺瞞的なものである。ごく穏やかに表現するならば、この欺瞞は次の場合にかぎって許容されるものにすぎない。複数の事物やそれらの規定がしばしば隣接して、あるいは継起するものとして連なって現存することの知覚が習慣になると、これは主観的な必然性であるのに、対象そのもののあいだにこうした結びつきをみいだす客観的な必然性として理解されてしまい、ここに原因という概念がこっそりと、そして不当な形で獲得されたのである。しかしこの原因という概念は決して獲得されたり、認証されたりするものではない。というのはこの概念が求める［事物や規定の］結びつきは、無意味で妄想にひとしく、理性が支持することのできないものであって、この結びつきにはいかなる客体も対応することがないからだ、というのである。

　このような［ヒュームの］考え方に基づいて、事物の現存についてのすべての認識にかんして（だから数学はそこからは除外された）、経験論がさまざまな原理の唯一の源泉として導入されたのであり、さらにこの経験論とともに、きわめて頑固な懐疑論までが、すべての自然にかんする学として、すなわち哲学として導入されたのだった。

　こうした［学の］原則によると、さまざまな事物について与えられた規定に基づいて、こうした事物の現存にかかわるいかなる結果をも推論することはできないとされる。というのも、こうした推論を行うには、［事物の］結びつきが必然的なものであることを含む原因という概念が必要となる［が、この概念は妄想のようなものとされる］からである。わたしたちはただ想像力の規則にしたがって、それ以前に観察されたものと類似した事例［が生起すること］を期待できるだけである。こうした期待が的中することが多いとしても、これは決して確実なものではない。

この考え方によると、どのような出来事が発生した場合にも、それ以前に別の出来事が生起していたに違いないのであり、その出来事がそれから必然的な結果として生起したのであるということ、すなわちその出来事は一つの原因をもっていなければならないことを、主張できなくなる。たしかにそうしたもの「それ以前に生起していたはずの出来事」が実際にしばしばそれ以前に生起していたことを知っていて、そこから一つの規則を作りだすことはできるかもしれない。しかしだからと言って、そうしたものがつねに必然的にそのような形で生起するとは、想定できないだろう。するとわたしたちはそこでは盲目的な偶然が正当な権利をもって「支配して」いると想定しなければならなくなるが、その場合にはすべての理性の使用が終焉してしまうのである。そしてこれを認めるならば、結果から原因へとさかのぼる推理にたいする懐疑論の主張がさらに強固なもの、反駁できないものになるのである。

076　懐疑論による知の崩壊

数学は［こうした懐疑から］しばらくのあいだは逃れることができた。というのもヒュームは数学の命題はすべて分析的な命題であると考えていて、ある規定から別の規定へと、同一性［の原則］にしたがって、すなわち矛盾律にしたがって［推論が］進められると考えていたからである。ただしこれは間違いであって、数学の命題はすべて総合的な命題である。たとえば幾何学は、事物の現存にかかわるのではなく、可能な直観における事物のアプリオリな規定だけにかかわるものでありながら、それでも幾何学はある規定Ａから、それとまったく異なりながら、Ａと必然的に結びつけられたまったく別の規定Ｂへと［推論が］進むのであり、これは原因の概念によるのとまったく同じである。

数学はこのように必然的な確実性をそなえた学としてきわめて高く評価されてきたものの、やがてはヒュームが原因の概念にそなわる客観的な必然性を否定して、そこに習慣をみいだしたのと同じ理由から、原則にかかわる経験論に屈することになった。そして［数学者は］みずからの学問にきわめて強い誇りを抱いているにもかかわらず、アプリオリに賛同することを命じるみずからの大胆な要求を緩和せざるをえなくなり、みずからの命題の普遍的な妥当性についても、観察者の好意による同意を期待するしかなくなったのである。そして幾何学者が原則として提示する命題を、観察者たちも証人としては、つねに同じように知覚しており、それが必然的ではないとしても、今後もその命題が示す事態が起きると期待しても構わないことを認めるだけになったのである。

このようにしてヒュームが主張した原則における経験論によって、やがては数学においても懐疑論へと導かれざるをえなくなったのであり、こうした理性の学的な理論的使用のすべてにおいて（というのは、こうした使用は哲学に属するか、数学に属するかのどちらかでしかありえないから）、懐疑論へと導かれざるをえないことになった。認識論を専門とする学者たちを襲っているようにみえるこのおそるべき崩壊にもかかわらず、ふつうの人々の通常の理性使用がこれをうまく回避することができるかどうか、それともこれに巻き込まれて、回復不能な形ですべての知が崩壊するにいたるか、そしてこうした諸原則からは全般的な懐疑論が生まれざるをえないのではないかについては、読者がそれぞれに判断されたい——ただしこうした全般的な懐疑論にみまわれるのは、もちろん学者たちだけだろうが。

077　ヒュームの批判の正当性

ところでわたしは純粋な理性の批判において、ヒュームの懐疑論をきっかけとして考察を進めたのであるが、この考察はそれにとどまらず、純粋な理論的な理性の総合的な使用におけるすべての領域を、すなわち一般に形而上学と呼ばれるすべての領域を対象として含むものであった。そしてこの書物［『純粋理性批判』］ではスコットランドの哲学者［ヒューム］が原因性の概念にかんして示した懐疑について、次のように考察を展開したのだった。すなわち、ヒュームはほかの多くの哲学者と同じように、経験の対象を物自体そのものとみなしたのであり、［この前提に基づくなら］原因の概念が欺瞞的であり、間違った幻想であると考えたのは正当なことだった。というのも物自体そのものについては、およびその規定については、ある命題Aが妥当したからといって、それと異なる命題Bが妥当しなければならないということは洞察されえないからである。だからヒュームは、物自体そのものについて、こうした［原因のような〕アプリオリな認識をまったく認めることができなかったのである。きわめて明敏な人物であったヒュームは、この〔原因という〕概念に経験的な起源を認めることはできなかった。というのもこうした〔経験的な〕起源は、原因性の概念の本質である〔原因と結果との〕結びつきの必然性という性格に矛盾するからである。そしてこの原因の概念は追放され、この概念の代わりに、知覚するプロセスにおける観察の営みの習慣〔という説明〕が登場したのである。

078 『純粋理性批判』の考察の成果

しかしわたしの考察によって次の諸点が明らかになったのである。〔第一に〕わたしたちが経験のうちで出会う対象は、決して物自体そのものではなく、たんなる現象である。〔第二に〕物自体そのものについては、あるものAが措定されたときに、Aとまったく異なるものBを措定しないと矛盾が発生すること、すなわち原因としてのAに、結果としてのBが結びつくのは必然であることは看取できず、洞察することはまったく不可能である。ただし現象としては、これら〔AとB、原因と結果〕が一つの経験において、ある方法で（たとえば時間的な関係において）、必然的に結びついていなければならず、分離することができないことは、十分に考えられることである。もしもこれを分離するならば、そのことは［こうしたAとBの］結びつきに矛盾することになるが、この結びつきによってこそ、わたしたちの経験が可能になるのであり、そしてその経験のうちでこれらが対象として、わたしたちだけに認識できるようになるのである。

　これらのことは実際に、そのとおりだった。すなわちわたしは経験の対象についてこの原因の概念が客観的な実在性をもつという側面から証明できただけではなく、さらにそれ自身に結びつきの必然性を伴っていることから、この概念はアプリオリな概念であることも根拠づけることができたのである。そして経験的な源泉によらずに、この［原因の］概念の可能性を、純粋な知性から説明できたのである。このようにしてわたしはこの概念の起源についての経験論の主張を排除した後に、可能な経験の対象である二つの学問のうち、まず自然学について、その不可避的な結果である懐疑論を根絶することができ、さらにはまったく同じ根拠から生じる帰結にもとづいて、数学についても懐疑論を根絶することができた。これによって理論的な理性が洞察しうると主張しているあらゆる事柄にたいする全面的な懐疑を、その根底からとりのぞくことができたのであった。

079 原因性のカテゴリーの適用条件

しかしこの原因性のカテゴリーを可能的な経験の対象ではなく、可能的な経験の限界の外部にある事物に適用したならば、どのようなことになるのだろうか（これと同じことは、他のすべてのカテゴリーにも言えることである。こうしたカテゴリーなしでは、現存しているものについての認識が成り立たないからである）。というのもわたしは、これらの概念［カテゴリー］の客観的な実在性については、可能的な経験の対象についてしか、根拠づけることができていないからである。

しかしここで、わたしがカテゴリーをこのような［可能的な経験の対象に適用される］場面だけにかぎって救いだし［て根拠づけを行っ］たこと、そのことによってカテゴリーを使って客体をアプリオリに規定することはできないとしても、少なくとも考えることはできるようになったことを指摘しておきたい。まさにこうしたことによってこれらの概念「カテゴリー」は純粋な知性のうちに一つの場所を獲得するようになったのであり、これによって感性的および非感性的な客体一般と関係づけられたのである。

ここに「このカテゴリーのほかに」まだ欠けているのは、さまざまなカテゴリーを、とくに原因性のカテゴリーを、対象に適用するための条件、すなわち直観である。直観が与えられていない場合には、叡智的《ヌーメノン》な存在としての対象の理論的な認識のために「カテゴリーを」適用することができなくなるのである。こうした理論的な認識をあえて試みてみる人がいたとしても（純粋な理性の批判ではそのことが試みられたのだった）、それはまったく禁じられた試みである。それでもこの「原因性の」概念の客観的な実在性が失われることはないし、これを叡智的《ヌーメノン》な存在に適用することそのものは可能である。ただしこの概念を理論的に規定することはまったく不可能であり、これによって認識を生じさせることはできないのである。

というのも、この「原因性の」概念を客体に関係づけることについては不可能なことはまったくないのであり、このことはこの概念が感覚能力の対象に適用される際には、つねに純粋な知性のうちにその場所を確保していることから証明される。そしてこの概念をその後に、経験の対象となりえない物自体そのものに関係づけた場合には、理論的な認識のために特定の対象を思い描くような用途には適していないものの、別の目的のために、おそらく実践的な目的のために、この概念を適用するという用途には適しているのである。もしもヒュームの主張したように、この原因性という概念がそもそも考えることすらできないものだとしたら、そのことさえ不可能になったことだろう。

080 原因の概念と物自体

さてこの「原因性の」概念を叡智的な存在《ヌーメノン》に適用するために必要な条件を発見するためには、わたしたちはこの概念を経験の対象に適用するだけでは、どうして満足できないのか、そして物自体そのものにもこの概念を適用したがるのはなぜなのか、と自問してみるだけでよい。そうすればすぐにでも、わたしたちがどうしてもこれを叡智的な存在に適用せざるをえないのは、理論的な意図からではなく、実践的な意図からであることが明らかになる。思弁にとっては、わたしたちがそれに「すなわち叡智的な存在にこの概念を適用することに］成功したところで、自然にかんする知識についても、そしてわたしたちに与えられることができる［経験的な］対象一般についても、真の意味で得るところはまったくない。わたしたちはむしろ［思弁的な関心からではなく、実践的な関心から］感性的に条件づけられたものから、超感性的なものへと向かって歩を進めるのである。［思弁的な理性にとっては］この感性的に条件づけられたものの［経験的な］領域にとどまって、原因の系列を熱心にさかのぼるだけでも、十分な仕事が残されているのである。そして［実践的な関心から超感性的なものへと向かうことで］わたしたちの認識をその根拠という側面から完全なものとし、認識の限界を確定しようとするのである。ただしこの認識の限界と、わたしたちが認識するもののあいだにはつねに無限の間隙が満たされずに開いたままであるために、わたしたちは根本的な知識欲というよりも、空虚な好奇心に耳を傾けることが多くなるだろう。

081　純粋な意志

しかし知性は、理論的な認識における対象との関係だけではなく、欲求能力との関係もっているのであり、そのために欲求能力は意志と呼ばれる。そして純粋な知性が（この場合には理性と呼ばれる）、たんなる法則の観念だけによって実践的なものとなるときには、この欲求能力は純粋な意志と呼ばれるのである。

純粋な意志の客観的な実在性は、言い換えると純粋な実践理性の客観的な実在性は、道徳法則においては、事実によってアプリオリに与えられている。不可避な意志の規定は、それが経験的な原理に依拠するものでなくても、事実と呼ぶことができるからである。しかし意志の概念のうちにはすでに原因性の概念が含まれている。だから純粋な意志の概念のうちには、自由を伴う原因性の概念が含まれているのである。この自由を伴う原因性は、自然の法則によっては規定できないものであり、いかなる経験的な直観も、こうした純粋な意志の実在性を証明することはできない。それでもアプリオリで純粋な実践的な法則のうちにおいて、純粋な意志の客観的な実在性は完全に正当化されるのである。ただしすぐに理解できるように、それは理性の理論的な使用のためではなく、理性のたんなる実践的な使用のためである。

さてこの自由な意志をもつ存在者という概念は、叡智的な原因《カウサ・ヌーメノン》という概念である。この概念に自己矛盾が含まれないことは次のことから確実である。まず原因の概念は純粋な知性だけから生まれたものであり、同時にまた根拠づけの作業によって、この概念が対象一般にたいして客観的な実在性をそなえたものであることは保証されている。そしてこの概念の［純粋な知性から生まれたという］起源から判断しても、この概念はすべての感性的な条件からは独立したものである。だからこの概念を特定の理論的な使用のために適用する場合を除いて、現象だけに適用されるという制約はなく、純粋な知性的な存在者であるものにも適用できるはずなのである。

しかし［叡智的な存在者であるものに］適用する場合には、つねに感性的なものでしかない直観を基礎とすることはできない。だから叡智的な原因《カウサ・ヌーメノン》は理性の理論的な使用にかんしては、可能な概念であり、考えることのできる概念であるが、［直観を欠いているために］空虚な概念である。さてわたしはこの［叡智的な原因という］概念によって、純粋な意志をもつかぎりでのある存在者の性質を理論的に認識しようとしているわけではない。わたしにとっては、この概念によってその存在者を、そのような［純粋な意志をもつ］存在者として特徴づけられれば十分なのであり、したがって原因性の概念を自由の概念と結びつけ、そしてこれと分かちがたいものとして、原因性を規定する根拠としての道徳的な法則と結びつけることができれば十分なのである。原因の概念は、その起源が経験的ではない純粋なものであるために、わたしはそうすることができるのであるが、それもわたしがこの概念を、この概念の実在性を規定する道徳法則との関係にかぎって、すなわち実践的に使用する場合だけに、そうすることができるのである。

082　原因性という空虚な概念

もしもわたしがヒュームと同じように、理論的な使用の際に、超感性的なもの、すなわち事象そのものについてだけではなく、感覚能力の対象についても、原因性の概念には客観的な実在性がそなわっていないと主張するならば、この概念はすべての意義を失ってしまい、理論的に不可能な概念として、まったく使用できない概念であると宣言することになるだろう。意義のないものはまったく使用できないのであるから、理論的に意義のない概念を実践的に使用することはまったく不合理なことだろう。

ところで経験的に条件づけられていない原因性の概念は、理論的にはたしかに空虚であり、それにふさわしい直観を欠いたものであるが、それでも可能な概念であり、規定されていない客体にかかわるものである。そしてその「空虚なものとなる」代償として、この概念は道徳的な法則にかかわる意義が、すなわち実践的な関係における意義が与えられるのである。だからわたしには、この概念に理論的な客観的な実在性を規定するような直観は与えられていないが、それでもこの概念は現実に適用されるのであり、これは具体的にわたしたちの心構えや行動原理として示されることができる。だからわたしたちはこの概念が実践的な実在性をそなえていることを示すことができるのである。この概念が叡智的な存在《ヌーメノン》に十分な根拠をもって適用できることを保証するためには、これで十分なのである。

083　すべてのカテゴリーの客観的な実在性

ところでこのように超感性的なものの領域においても、一つの「原因性のカテゴリーという」純粋な知性概念が導入され、それが客観的な実在性をそなえているとみなされるようになると、他のすべてのカテゴリーもまた客観的な実在性をそなえるようになる。ただしこれらのカテゴリーが、純粋な意志を規定する根拠と、すなわち道徳的な法則と必然的に結びつく場合にかぎられる。そしてこの客観的な実在性は実践的に適用可能な実在性でしかなく、対象の理論的な認識の目的では、すなわち純粋な理性が対象の本性を洞察する上では、これに影響を及ぼして認識を拡張するものではないのである。

本書でこれから論じていくように、これらのカテゴリーは叡智的な主体としての存在者だけにかかわるものであり、その存在者についてもたんに理性と意志との関係だけにかかわり、したがって実践的なものだけに関係するものであり、こうした関係を超越して、こうした存在者を認識すると僭称するものではない。これらのカテゴリーとの関連で、こうした超感性的な事物を理論的に思い描くためのさまざまな特性が持ちだされることもあるだろうが、これらの特性はどれも知識として認められるようなものではなく、こうした特性を想定したり、前提したりする権能として認められるものであり、これらを想定したり前提したりするのは、実践的な意図では必然的なものでもある。わたしたちは感性的な存在者と、それにたいして実践的に使用する純粋な理性の関係のアナロジーによって、超感性的な存在者、すなわち神の存在を想定するのであるが、この想定についても同じことが言える。だからわたしたちは、ただ実践的な意図においてではあるが、純粋な理論的な理性が超感性的なものにカテゴリーを適用するとしても、そのことによって法外なものに熱狂することを助長するものではないのである。

第二章　純粋実践理性の対象の概念について

084　実践理性の対象の概念の定義

実践理性の対象という概念は、自由［な行為］によって発生する可能性がある結果としての客体の観念のことである。だから実践的な認識そのものの対象として考えられるのは意志と行為との関係だけであって、この意志に基づいて行為することで、こうした対象あるいはその反対物が実現されるのである。そしてある対象が純粋な実践理性の対象であるかどうかという判断は、もしもわたしたちがそのように行為する能力を所有しているならば（それについては経験が判断しなければならない）、ある客体を実現するはずの行為を、わたしたちが意欲することができるかどうかによって決まる。

わたしたちの欲求能力を規定する根拠がその客体であると想定される場合には、その客体が実践理性の対象であるかどうかを判断する前に、まずわたしたちの能力を自由に使用することによって客体を実現することが、物理的に可能であるかどうかを判定しなければならない。これにたいしてわたしたちの行為を規定する根拠がアプリオリな法則であると考えられる場合には、すなわちその行為が純粋実践理性によって規定されたものとして考えられる場合には、何かあるものが純粋実践理性の対象であるかどうかの判断は、わたしたちの物理的な能力との比較とはまったく独立したものである。ここで問われるのは、わたしたちの力によってある客体の現存に向けられた行為が遂行できる場合に、わたしたちがそれを意欲することが許されるかどうかということであり、［物理的に可能かどうかという判定よりも］行為の道徳的な可能性が先に問われなければならない。この場合にわたしたちの行為を規定する根拠は対象ではなく、意志の法則だからである。

085 善と悪

だから実践理性の唯一の客体は、善と悪という客体である。善とは、わたしたちの欲求能力の必然的な対象であり、悪とはわたしたちの忌避能力の必然的な対象である。どちらも人間の理性の原理にしたがっているのである。

086　快と不快の概念による善悪の定義

　善の概念は、それに先立つ実践的な法則によって導かれるのではなく、この法則の根拠として役立つべきものである。だから善の概念の意味するものは、わたしたちの欲求能力を規定する〈何かあるもの〉の概念にすぎず、その〈何かあるもの〉が現存するとわたしたちに快が約束されるために、わたしたちはそれを実現するために主観的な原因性をもつようになるのである。ところがどのような観念が快をもたらし、また反対にどのような観念が不快をもたらすかをアプリオリに洞察することはできない。そのため何が直接的に善であり、悪であるかを決定するのは、まったく経験だけによらざるをえないだろう。

　主体のうちでこの経験にかかわる性質として考えられるのは、内的な感覚能力に属する受容性としての快と不快の感情だけである。だから直接的に善であるものの概念は、満足の感覚と直接に結びついたものだけにかかわらざるをえないし、端的に悪であるものの概念は、直接に苦痛を引き起こすものだけにかかわらざるをえない。

しかしこのように考えることは、快適と善は異なるものであり、快適でないことと悪は異なるものであると考える一般的な用語法に反するものである。さらに一般的な用語法では、善と悪を判断するのはつねに理性であると考えられているのであり、善と悪は、個々の主体とその感受性だけに制限される感覚ではなく、普遍的に伝達されうる概念によって判断されることを求めるのである。ただし快や不快は、それだけでは客体のいかなるアプリオリな像や観念とも直接に結びつけることはできない。こうしたことから、哲学者が快の感情を自分の実践的な判断の根底に置かなければならないと考えるならば、「やむをえず」快適さを獲得するための手段であるものを善と名づけ、快適でない状態や苦痛を生みだす原因であるものを悪と名づけることになるだろう。目的にたいする手段の関係を判断するのは理性だからである。

ただし手段とその意図の結びつきを洞察できるのは理性だけであるとしても（これによって意志を目的の能力と定義することができる。目的はつねに原理にしたがって欲求能力を規定する根拠だからである）、このように善の概念をたんなる手段として定義するならば、この定義から生まれる実践的な行動原理は、その意志の対象として、それ自体で善なるものを決して含まず、ただ何かの目的のための善を含むだけだろう。そして善であるものは、つねにたんに有用であるものにすぎないだろう。つまり善はつねにある有用性にすぎず、善がそのために有用であるもの［すなわち何かの目的］は、つねに意志の外部に、そして感覚のうちに存在するのでなければならないことになる。

この感覚、すなわち［ここで意志の目的である］快適な感覚は、善の概念とは異なるものでなければならないとすれば、直接的に善であるものはどこにも存在しないことになる。善であるものは、たんに何か別のもののための手段のうちに、すなわち何らかの快適さを実現する手段のうちだけに求めねばならないことになる。

087　善と悪の概念の両義性

学校の哲学の昔ながらの公式によると、「わたしたちはそれが善《ボヌム》であるという理由によってしか何も求めず、それが悪《マルム》であるという理由によってしか何も忌避しない(4)」と言われる。この公式はときには正しく使われることもあるが、哲学にとってきわめてまずい形で使われることもある。というのはラテン語という言語の制約のために、この善《ボヌム》と悪《マルム》という語が両義的に使われているからである。この両義性のために、これらの語は二重の意味をもつことができ、そのために実践的な法則はどうしても曖昧なものとなってしまう。哲学はこれらの公式を使用する際には、同じ言葉に異なった概念が含まれていることは十分に弁えているのだが、その違いをうまく表現する方法をみつけられなかったのである。そこでこの同じ表現に微細な区別を無理強いしたのである。しかしこの違いを適切な表現によって直接に示すことができなかったために、この区別にかんして人々の意見はなかなか一致することができなかったのである（注）。

087n

善だから欲求するか、欲求するから善なのか

（注）さらに「善であるという理由によってしか」という表現も両義的である。この表現は一方では「わたしたちがあるものを欲求する（意欲する）ときに、そして欲求するがゆえに、そのものに善という観念を抱く」ことを意味していると考えることが

できる。また他方では、「わたしたちがあるものに善という観念を抱くがゆえに、わたしたちそのものを欲求する」という意味にも理解できる。だから欲求が善である客体の概念を規定する根拠なのか、それとも善の概念が欲求を（意志を）規定する根拠なのか、どちらかだということになる。そこで「善であるという理由によってしか」という表現は、第一の場合には［すなわち欲求するから善であると考える場合には］、「わたしたちはあるものを善の理念のもとに意欲する」ことを意味しており、第二の場合には［すなわち善であるから欲求すると考える場合には］、「意欲に先立って、善の理念が意欲を規定するのであり、この理念の結果として、わたしたちはあるものを意欲する」ことを意味していることになる。

088　ドイツ語における訳し分け

幸いなことにドイツ語には、この違いを見逃さない表現がある。ラテン語学者が善《ボヌム》という語一つで表現しているものについて、ドイツ語には二つのきわめて異なる概念と、二つの異なる表現がある。善《ボヌム》に対応する語としては善《グーテ》と幸《ヴォール》という語があり、悪《マルム》に対応する語としては悪《ベーゼ》と災《ユーベル》または不幸《ヴェー》という語がある。だから［ドイツ語では、］ある行為についてその善と悪を考察するのと、わたしたちにおける幸と不幸（災い）を考察するのとでは、二つのまったく異なる判断なのである。

このことから明らかに結論されるように、前に述べた［公式の］心理学的な命題を「わたしたちはみずからの幸または不幸の観点からしか欲求しない」と翻訳したのでは、まだ曖昧さが残るのである。これにたいして「わたしたちは理性の指示に基づいて、あるものを善または悪とみなさないかぎり、何も意欲しない」と翻訳するならば、まちがいなく確実で、きわめて明瞭に表現されているのである。

089　幸／災いと善／悪の違い

幸であるか災いであるかはつねに、わたしたちが快適であるか快適でないか、わたしたちが満足しているか苦痛を感じているかという状態にかかわるものにすぎない。だからわたしたちが自分の幸や災いのためにある客体を欲求したり、忌避する場合には、この客体がわたしたちの感性にかかわるかぎりで、そしてその客体がわたしたちに快や不快の感情を引き起こすかぎりで、わたしたちはその客体を欲求したり忌避するのである。

しかし善と悪の場合には、意志が理性の法則によって、あるものをみずからの客体とするように規定されているかぎり、［感性ではなく］つねに意志にかかわるのである。というのも意志は客体や客体の観念によって直接に規定されることは決してないのであって、理性の規則を行為の動因とする能力だからであり、この行為によって客体を現実のものとすることができるのである。

このように善と悪は、個人の［快や不快の］感覚の状態にかかわるのではなく、ほんらいは行為にかかわるものである。あるものが端的に、あらゆる点において、他の条件なしに善であるか、悪であるか、あるいはそのようなものとみなされるとすれば、それは行為の仕方についてであるか、意志の行動原理についてであるか、善き人間としてまたは悪しき人間として行為する個人の人格そのものについてであって、善もしくは悪と呼ばれることがあるような事象についてではないだろう。

090　苦痛と悪の違い

古代のストア派の哲学者は、激しい痛風に苦しみながら、「苦痛よ、わたしをもっと苦しめるがよい、しかしわたしは［どれほどつらくても］、お前を悪（［ギリシア語で］カコン、［ラテン語］でマルム）と認めることはない！」と叫んだのだった。人々はこの哲学者を嘲笑するが、それでも彼は正しかったのである。彼が感じたのは災いであったし、彼が叫びを漏らしたのは、この災いのゆえだった。しかし彼はこの災いのために自分に悪が生じたと考える理由は、まったくなかったである。この苦痛は彼の人格の価値をいささかも損ねるものではなく、ただ彼の［健康］状態の価値を低めただけだからである。

このストア派の哲学者がただの一度でも嘘をついたことがあり、彼がみずからそのことを意識していたならば、［それは悪であるから］彼の気力を挫いたに違いない。しかし苦痛は彼の気力を高揚させるきっかけとなったのだった。この苦痛は彼が不正な行為によってみずから招いたものではないし、不正な行為のためにみずから罰せられるに値する存在となったわけではないことを、彼は意識していたからである。

091　災いでありながら善であるもの

わたしたちが善と呼ぶものは、すべての理性的な人間の判断において、欲求能力の対象でなければならないようなものである。わたしたちが悪と呼ぶものは、すべての人間にとって、忌避の対象とみえるものでなければならない。このような判断を下すためには、感覚能力のほかにもなお理性が必要である。この善と悪の関係は、嘘をつくことと対比された真実を語ること、暴力を振るうことと対比された正義を貫くことなどにも、同じようにあてはまる。

ところでわたしたちが災いと呼ぶものでありながら、すべての人がそれを間接的には善であるか、ときには直接的に善であると明言するようなものもある。外科の手術をうけなければならない人にとっては、その手術を災いと感じるのは確実だろう。しかしその人は、そしてすべての人は理性にしたがって、それを善と明言するのである。しまたある人が、平和な暮らしを愛する人々を好んで苦しめ、悩ませていたが、その人があるとき襲われて、ひどい目にあったとしよう。その人にはこれは災いであるが、他のすべての人はこれを歓迎して、それから［その人が改心するなどの］どのような「よい」結果も生まれなかったとしても、それ自体を善と呼ぶだろう。そのような目にあった本人すら、理性においてはそれが自分に起こるべきことだったということを認めるに違いないのである。理性は彼に、幸せに暮らすことと善い行いをすることは、均衡した関係にあることを避けがたい形で示すのであり、こうした均衡した関係が今、正確に実現されたことを認識するからである。

092　人間の理性の使命

わたしたち自身の幸と不幸は、実践的な理性の判断においてはきわめて重要な問題であり、また感性的な存在者としてのわたしたちの本性においては、すべてのことがわたしたちが幸福になれるかどうかにかかっている。それは理性が幸福について、うつろいゆく感覚によって評価するのではなく、この［幸福という］偶然についてわたしたちのすべての現存とその安らぎに及ぼす影響という観点から判断することを、なによりも求めるからである。しかし幸福だけがすべてであるわけではない。

人間は感性界に属する者として、つねに何かが欠如している存在者である。そのために人間の感性は理性に要求をつきつけるのであり、理性はこれを拒むことができない。感性は理性に、感性の関心に配慮することを求め、現在の生活の幸福だけではなく、できれば未来の生活の幸福をも考慮にいれて、実践的な行動原理を定めることを求めるのである。

しかし人間はたんなる動物ではない。人間が動物のような存在であれば、理性がみずから語ることに耳を傾けないだろうし、理性を感性的な存在者としての自分の欲望を満たすための道具としてだけ利用することだろう。もしも動物において本能が命じることを、人間が理性によって行うのだとすれば、人間が理性をもっていたとしたところで、たんなる動物よりも高い価値を人間が獲得することはない。理性がそのような［動物の本能と同じ］働きをすべきものであったならば、理性は自然が動物に規定した［生存という］目的と同じ目的を実現するために、自然が人間に与えたある特殊な方法にすぎないだろうし、人間は動物よりも高い目的のために規定されることはないだろう。

だから人間は、この自然の装備［理性］を与えられたからには、たしかに自分の幸と不幸につねに配慮するために理性を必要とするのだが、この理性はさらに高い使命のためにも人間に与えられているのである。理性のこの使命とは、それ自体において善であり悪であるもの、つまりまったく感性的な関心をもたない純粋な理性だけが判断できるものについても考慮するだけではなく、この［善と悪についての］判断を、前者の［幸と不幸についての］判断とまったく異なるものとみなし、善と悪の判断を幸と不幸の判断の最高の条件とすることである。

093 善と幸における法則と準則

このようにそれ自体で善であるものと悪であるものは、幸や災いとの関係でのみ善とか悪とか呼ばれるものとは異なるものであり、これについて判断するには、次の点が重要になる。すなわち理性の原理がそれ自体で意志を規定する根拠として考えられている場合には、意志が行動原理の法則を定める形式だけによって規定されていて、欲求能力の可能な客体がまったく考慮にいれられないならば、この理性の原理はアプリオリな実践法則であり、純粋な理性はそれ自体で実践的なものであると考えられる。

その場合には法則が意志を直接に規定し、この法則に適った行為はそれ自体で善である。またつねにこの法則に適った行動原理を定めるような意志は、端的に、あらゆる点において善であり、あらゆる善の最高の条件である。ところで他方において、意志の定める行動原理に先立って、快または不快の客体を、すなわち満足させるもの、あるいは苦しめるものを前提とする欲求能力の規定根拠が働く場合には、快を増進させ、苦痛を避けようとする理性の行動原理が、行為を規定することになる。この行為はわたしたちの心の傾きに関わるものであり、すなわち間接的に、何か別の目的にかんして、その目的の手段として、善である。この場合にはこの行動原理は決して法則と呼ぶことはできないが、それでも理性的で実践的な〈準則〉と呼ぶことはできる。

その場合にはこの目的そのもの、すなわちわたしたちが求める満足は善ではなく、幸である。これは理性の概念ではなく、感覚の対象についての経験的な概念である。ただしこの目的のために手段を使用すること、すなわち行為することは、それでも〈善〉と呼ばれる。行為するためには理性的な熟慮が必要だからである。しかしこれは端的な善ではなく、たんにわたしたちの感性との関係において、快と不快の感情にかんして、善いと呼ばれるのである。しかし意志の行動原理が、快と不快の感情によって触発されるならば、その意志は純粋な意志ではない。意志は、純粋な理性がそれだけで実践的になりうる場合にかぎって、純粋な意志であるのである。

094 実践理性批判の方法のパラドックス

ここで実践理性の批判の方法におけるパラドックスを説明しておくべきだろう。一見すると、善と悪の概念は道徳的な法則の基礎となるものでなければならないと思われるかもしれないが、しかし道徳法則に先立って善と悪を規定するのではなく、すでに指摘したように、まず道徳法則が定められてから、道徳法則だけにしたがって、初めて善と悪が規定されねばならないのである。

たとえわたしたちが道徳性の原理がアプリオリに意志を規定する純粋な法則であることを知らないとしても、何らかの原則を理由もなしに定めたりしないように、意志がたんに経験的な規定根拠をそなえているだけなのか、それとも純粋でアプリオリな規定根拠をそなえているのかを、最初は少なくとも未定のままにしておかねばならないだろう。これから決定すべき事柄を、すでに決定済みのものとして前提するのは、哲学の考察方法の基本的な原則に反するからである。

ここでわたしたちが善の概念から出発して、そこから意志の法則を導出しようと試みるとしよう。その場合には、ある対象、ここでは善なる対象についての善の概念は、同時にこの対象を意志を規定する唯一の根拠とすることだろう。ところがこの「善の」概念には、基準として利用できるようなアプリオリな実践的な法則が欠けているのである。そうなると、ある対象が善であるか悪であるかを判定するための試金石となるのは、その対象がわたしたちの快または不快の感情と一致することでしかありえない。その場合には理性が使用されるのは、第一にわたしの現実存在におけるすべての感覚との全体的な関連において、この快と不快を規定するためであろうし、第二にわたしにこの快と不快の対象を与えてくれるような手段を規定するためであろう。

ところで何が快の感情と一致するかは、経験だけが決めることができるものであり、多くの論者が指摘するように、実践的な法則というものが、法則に条件を与える快の感情を基礎とすべきものだとしたら、アプリオリな実践的な法則というものは、まったく不可能になってしまうだろう。このような結論がだされたのは、意志の対象をあらかじめ発見する必要があると考えながら、意志の対象の概念が、善なる概念として、意志を規定する普遍的な、それでいて経験的な根拠とならねばならないと考えたからである。

しかしあらかじめ考察する必要があったのは、意志をアプリオリに規定する根拠というものも存在するのではないかということだった。このアプリオリな規定根拠は、純粋な実践的な法則のうちにしかみいだすことができないものであり、しかもこの法則が対象を顧慮せずに、行動原理に純粋な法則の形式を指定する場合にしか、みいだすことができないものである。

ところが善と悪の概念にしたがって、ある対象がすべての実践的な法則の基礎とされるならば、しかもそれに先立つ法則なしで、この対象を経験的な概念によって考えるしかないならば、純粋な実践的な法則について考える可能性そのものが、あらかじめ奪われるのである。ところがこれと反対に、純粋な実践的な法則をあらかじめ分析的に考察していたならば、対象としての善の概念が道徳的な法則を規定して、これを可能にするのではなく、反対に道徳的な法則が初めて、端的に善の名に値するような善の概念を規定し、可能にするのであるということを発見したはずなのである。

095　これまでの哲学者たちの誤謬

この指摘は、最高の道徳的な探求の方法にかかわるものであり、重要なものである。これまでさまざまな哲学者たちが道徳の最高の原理にかんして犯してきたすべての錯誤を招き寄せる土台となっているものを、一挙に明らかにするものだからである。哲学者たちは、［善い］意志の対象を探しだして、それを法則の実質に、そして根拠にしようとしてきた。そしてその後でこの法則が、直接的ではなく、快と不快の感情にもたらされたその対象を通じて、意志を規定する根拠であるべきだと考えたのだった。しかし彼らがなすべきだったのは、意志をアプリオリに、かつ直接的に規定する法則を、そしてこの意志にふさわしい形で初めて対象を規定する法則を、まず最初に探すことだったのである。

そして彼らはこの快の対象によって善の最高の概念が獲得されると考えて、この対象を幸福のうちに、あるいは完全性のうちに、そして道徳感情のうちに、さらに神の意志のうちにみいだそうとしたのだった。このために彼らの原則はつねに他律となり、道徳的な法則のための経験的な条件にどうしても行きあたらざるをえなかったのである。というのも意志を直接に規定する根拠として彼らが示した対象が、つねに経験的である感情とのあいだで作りだす直接的な関係にしたがってしか、それを善とか悪とか呼ぶことはできなかったからである。

ところで、行動原理の最高の条件として、理性の普遍的な法則を定める形式だけを採用することを理性に命じる形式的な法則だけが、実践的な理性をアプリオリに規定する根拠となることができるのである。古代の哲学者たちは道徳的な探求を行うにあたって、最高善の概念を規定することを試みた。そしてこの最高善を一つの対象とみなしておいて、次に道徳的な法則において、この対象を意志を規定する根拠にしようとしたのだった。そしてこの試みによって、前記の誤謬をあからさまな形で示したのである。後代にいたって、道徳法則がそれ自体で保証され、意志を直接に規定する根拠として正当化されるようになると、「最高善という」この客体は、形式においてアプリオリに規定された意志にたいする対象として思い描くことができるようになったのである。この問題は本書の純粋実践理性の弁証論のところで考察を試みるつもりである。

近代の哲学者たちにおいては最高善の問題はとりあげられなくなるか、少なくとも副次的な問題として扱われるにすぎなくなったようである。しかし彼らも前記の誤謬を、他の多くの誤謬の場合と同じように、曖昧な表現の背後に隠しているにすぎないのであって、彼らの体系のうちにこの誤謬をかいまみることができる。［これらの体系では、］いたるところに実践的な理性の他律を定めていることに、この誤謬が姿をみせているのであって、この他律からはアプリオリで普遍的に命令する道徳的な法則が生まれることはできないのである。

096　善悪の概念とカテゴリー

これまで述べてきたように、善と悪の概念は、意志のアプリオリな規定の結果として生まれたものであるから、純粋な実践的な原理を前提とし、純粋な理性の原因性を前提とするものである。だから善悪の概念は根源的な形で、すなわち意識のうちに与えられた直観における多様なものの総合的な統一の規定のように根源的な形で、客体にかかわることはない。客体をむしろ与えられたものとして前提とする純粋知性概念や、理論的に使用された理性のカテゴリーなどは、このように根源的な形で客体とかかわるのである。むしろ善悪の概念は原因性という唯一のカテゴリーの様態《モドゥス》なのである。それは原因性の規定根拠が、理性における原因性の法則の観念のうちにあり、理性がこの法則を自由の法則としてみずからに与え、それによってみずからがアプリオリに実践的なものであることを示すのである。

ところで行為は一方においては自然の法則の支配下にあるものではなく、自由の法則にしたがっており、叡智的な存在の行動であるが、他方においては感性界における出来事として現象に属するものである。だから実践理性のさまざまな規定は、現象との関係においてのみ、したがって知性のカテゴリーにふさわしい形で定めることができる。ただしこの規定は、知性の理論的な使用の目的で、すなわち感性的な直観の多様なものをアプリオリな意識のもとにもたらすために定められるのではない。ただ欲求の多様なものを、道徳的な法則において命令する実践的な理性の意識の統一のもとに、すなわちアプリオリな純粋意志の意識の統一のもとにしたがわせるために定められるのである。

097 自由のカテゴリーの特徴

ところでここではこれらの［善悪の］規定を自由のカテゴリーと呼んで、［『純粋理性批判』で展開された］理論的な概念としての自然のカテゴリーとは区別したい。これらの自由のカテゴリーには、自然のカテゴリーよりも優れた明白な長所がそなわっている。というのも自然のカテゴリーはたんなる思考の形式であって、普遍的な概念によって、わたしたちに可能なあらゆる直観にたいする客体一般を、ただ無規定なままで示すにすぎない。ところがこの自由のカテゴリーは、自由な選択意志の規定にかかわるものである。これらの自由のカテゴリーには、それに完全に対応する直観が与えられることはできないものの、純粋でアプリオリな実践的な法則を根拠とするものであり、これが認識能力の理論的な使用における［自然のカテゴリーという］概念との違いである。［理論的な認識においては］直観の形式としての空間と時間は、理性そのものに存在するものではなく、ほかのところに、つまり感性のもとに求める必要があった。しかし実践的な基本概念としての自由のカテゴリーは、こうした直観の形式ではなく、純粋な意志の形式を与えられており、これを根拠とするのであり、しかもこの形式は［感性ではなく］理性のうちに、思考能力そのもののうちに含まれているのである。この純粋な実践理性のすべての準則においては、意志の規定だけが問題となるのであって、意志の意図を遂行する実践的な能力の自然的な条件は問われない。そのためアプリオリな実践的な概念［である自由のカテゴリー］は、自由の最高の原理にかんしてただちに認識となるのであって、それが意義を獲得するために直観を待つ必要はないことになる。その理由は注目すべきものであり、理論的な概念の場合とはまったく異なり、この実践的な概念は、それがかかわる意志の意図をみずから実現するからなのである。

ただし注意する必要があるのは、これらの［自由の］カテゴリーは実践理性一般だけにかかわるものであって、その［カテゴリー表における］順序は、道徳的にはまだ規定されておらず、感性的に条件づけられているカテゴリーから、感性的に条件づけられず、道徳的な法則だけに規定されたカテゴリーへと進むのである。

098　自由のカテゴリー表

善悪の概念にかんする自由のカテゴリー表

一　量

主観的な自由の原理。これは行動原理、すなわち個人の意見にしたがう

客観的な自由の原理。これは原理（準則）にしたがう

アプリオリに客観的であるとともに主観的な自由の原理（法則）

二　性質

作為の実践的な規則（命令《プラエケプティウァエ》）

不作為の実践的な規則（禁止《プロヒビティウァエ》）

例外の実践的な規則（例外《エクスケプティウァエ》）

三　関係

人格性との関係
人格の状態との関係
ある人格と他の人格の状態との相互的な関係

四　様態
許されていることと許されていないこと
義務に適うことと義務に反すること
完全義務と不完全義務

099　表についての三つの指摘

自由はある種の原因性であり、この原因性は経験的な規定根拠にはしたがわないものであるが、この表をみてすぐに明らかになるのは、［第一に］自由によって可能となる行為は、感性界においては現象として現われるが、ここで自由はこうした行為にかんして考察されており、このため行為の自然的可能性のカテゴリーにかかわるもののであるということ、そして［第二に］すべてのカテゴリーはどれも一般的に扱われるものであるために、この原因性の規定根拠は、感性界の外部における叡智的な存在の特性としての自由においても考えうるということ、最後に、様態のカテゴリーは実践的な原理一般から道徳性の原理への移行を不確定な形で開始するものであり、この道徳性の原理を定説として［確定的に］示すことができるのは、道徳法則を待たねばならないということである。

100　カテゴリー表の分類の効用

わたしはこの表についてはここで何もつけ加えるつもりはない。この表は自明なものだからだ。原理に基づいてこの表のようにカテゴリーを分類することは、すべての学問において、徹底性を深め、理解可能性を高めるためにはきわめて有益なことである。たとえばこの表とその一という数字は、実践的な考察では何から考察し始める必要があるかを明確に示している。すなわち［量のカテゴリーにおいて最初の出発点となるのは］各人がみずからの心の傾きに基づいて定めている〈行動原理〉である。次に考察されるのは、理性的な存在者たちがある心の傾きについて一致するときに、すべての理性的な存在者に妥当するはずの〈準則〉である。最後に考察されるのは、さまざまな心の傾きにかかわらず、すべての理性的な存在者に妥当する〈法則〉である。他のカテゴリーについても同じことが指摘できる。このようにしてわたしたちは、これから実行すべき課題についてのすべての計画を概観するだけでなく、実践哲学が解決すべきすべての問題と、その守るべき順序を概観するのである。

純粋な実践的判断力の範型について

101　実践的な判断力の直面する困難

善と悪の概念が、まず意志にその客体を規定する。しかしこれらの概念はそれ自体が理性の実践的な規則にしたがうものであって、理性が純粋な理性である場合には、理性は意志の対象について意志をアプリオリに規定する。さて感性界において可能な行為がこの規則にしたがうものであるかどうかを判断するには、実践的な判断力が必要である。規則において一般的に、すなわち抽象的《イン・アブストラクト》に語られたことが、具体的《イン・コンクレート》にある行為に適用されるのは、この判断力によってである。

　ところで純粋理性の実践的な規則は、第一に、実践的なものとして、ある客体の現存にかかわり、第二に、純粋理性の実践的な規則として、行為の現存にかんする必然性を伴うものであるために、〈実践的な法則〉となるのである。この法則は、経験的な規定根拠に基づいた自然の法則ではなく、自由の法則である。意志はこの自由の法則にしたがって、すべての経験的なものから独立して、法則一般の観念とその形式だけによって、規定されうるものとなるべきである。しかし可能的な行為について発生しうるすべての事例は経験的なものにすぎず、経験と自然に属するものでしかありえない。だから感性界にあるかぎりで自然の法則だけにしたがいながら、しかも自由の法則が適用されうるような事例をみいだそうとするのは、そして感性界において具体的《イン・コンクレート》に実現されるべき道徳的な善である超感性的な理念が適用されうるような事例をみいだそうとするのは、不合理なことに思われる。

　そこで純粋な実践的な理性の判断力は、純粋な理論的な理性の判断力と同じような困難に直面するのである。ただし純粋な理論的な理性の判断力の場合には、困難を逃れる手段をもっていたのだった。理論的な使用の場合には、純粋な知性概念を適用することができる直観が問題になっていたのであるが、この直観は感覚能力の対象としてだけではあっても、アプリオリに、直観における多様なものの結合にかんして、純粋知性概念にアプリオリに適合する形で、すなわち図式として、与えられることができたからである。

これにたいして道徳的な善は、客体という観点からは超感性的なものであり、感性的な直観のうちには、対応するものをまったくみいだすことができない。このため純粋実践理性の法則のもとでは、判断力は特別な困難に直面するように思われる。というのも、感性界で生起する出来事としての行為、すなわち自然に属する出来事としての行為に、自由の法則を適用しなければならないからである。

102　法則そのものの図式

しかしここでも純粋な実践的判断力にとって有利な展望が開けるのである。というのも感性界においてわたしが行うことができる行為を、純粋な実践的な法則のもとに包摂しようとする際に問題になるのは、感性界において生起する出来事としての行為が可能であるかどうかということではないからである。この可能性については純粋知性概念の一つである原因性の法則に基づいて、理性の理論的な使用において判断されるからであり、その純粋知性概念のために理性は、感性的な直観において、図式をもっているのである。

物理的な原因性、あるいはこのような原因性が発生するための条件は、自然の概念に属するものであり、その図式は超越論的な想像力が描きだすものである。ところでここで問題になっているのは法則にしたがっている出来事の図式ではなく、こう表現するのが適切であれば、法則そのものの図式なのである。というのもここでは原因性の概念は、ほかにはいかなる根拠によっても規定されず、法則だけに基づいた意志規定によって（行為をその効果からみて規定するのではなく）、自然の結びつきを作りだす条件とはまったく異なる条件と結びつけられるからである。

103 道徳法則の範型

感性的な直観の対象そのものは自然の法則にしたがっているが、この自然の法則には「理論的な理性の使用において」図式が対応しなければならない。図式は、法則が規定する純粋知性概念を感覚能力にアプリオリに示すという、想像力の一般的な手続きである。しかし自由の法則は、感性的にはまったく条件づけられていない原因性の法則である。この自由の法則や、無条件的に善であるものの概念を具体的《イン・コンクレート》に適用する場合には、いかなる直観も、図式も基礎とすることができないのである。

だから道徳法則は、それを自然の対象に適用する際に、媒介として利用できる認識能力としては、想像力ではなく知性しかもっていない。そして知性は理性の理念にたいして感性の図式を土台とすることはできない。知性がそのために土台とすることができるのは判断力のための法則である。この法則は感覚能力の対象において具体的《イン・コンクレート》に示されうるのであり、一つのたんに形式的な自然の法則である。だからこの法則を、道徳的な法則の範型と呼ぶことができる。

104 実践的な判断力の規則

純粋な実践理性の法則のもとでの判断力の規則は、「君がこれからやろうとしている行為が、君自身もその一部に含まれるような自然の法則にしたがって生じるとしたら、君はその行為を自分の意志によって可能となったとみなすことができるかどうか、自問してみよ」と表現することができるだろう。実際にすべての人は、この規則にしたがって、ある行為が道徳的に善であるか悪であるかを判断しているのである。そして人は次のように言うのである。もしも誰でも、自分の利益になると思えば勝手に嘘をついてもよいと考える世界があったとしよう。あるいは人生にどうしようもないほど倦怠感を覚えるようになったら、誰もがさっさと自分の命を断つことが認められる世界があったとしよう。さらに、他人が困窮していても、誰もが無関心にそれを眺めている世界があったとしよう。君が事物の［世界の］このような秩序に所属しているとすれば、この秩序に属することに、自分の意志で同意するだろうか、と。

　ところが現実に誰もがよく知っているのは、その人が他人を欺くことをこっそりと自分に許すとしても、ほかの誰もが同じようにするわけではないということである。

また自分が人知れずに無慈悲であっても、ただちにすべての人がその人に無慈悲になることはないことを、誰でもよく知っているのである。だから彼の行為の行動原理が普遍的な自然法則と一致するものであるかどうかというこの比較は、彼の意志を規定する根拠とはなっていない。しかし普遍的な自然法則は、行為の行動原理を道徳的な原理にしたがって判断するための範型なのである。

　行為の行動原理が、自然法則の形式による吟味に耐えることができないようなものであるならば、その行動原理は道徳的に不可能である。ごくふつうの知性でも、このように判断するのである。というのも知性のごく通常の判断においても、経験判断においても、知性は自然法則を基礎としているからである。だから知性はつねに自然法則を手元に用意しているのであるが、ただし自由に基づく原因性を判断する必要がある場合には、その自然法則をたんに自由の法則の範型とするだけである。それは知性が経験的な事例において実例とすることができるものを手元に用意しておかないと、純粋な実践的な理性の法則を実際に使用することができないからである。

105 合法則性一般の形式

だから感性界の自然を叡智的な自然の範型として利用することは許される。ただしそれはわたしが直観や直観に依存するものを叡智的な自然の世界に持ち込むのではなく、合法則性一般の形式を叡智的な自然に適用する場合にかぎられるのである。この合法則性一般の形式という概念は、ごくふつうの理性の使用にもみられるものであるが、理性の純粋で実践的な使用の場合を除いて、アプリオリに規定された形で認識することはできない。というのも法則というものは、その規定根拠をどこからとってくるにしても、合法則性一般の形式という点にかんしては、同じだからである。

106 範型論の役割

ところですべての叡智的なもののうちで、端的に［知られるものは］道徳的な法則を介した自由だけであり、この自由も道徳的な法則の不可分な前提となるかぎりにおいて知られるのである。またわたしたちは理性によって、道徳的な法則を手引きとして叡智的な対象へと導かれると考えられるが、すべての叡智的な対象はわたしたちにとって、道徳的な法則と純粋な実践理性の使用の目的でしか、実在性をそなえていないのである。また純粋な実践理性は自然を、その純粋な知性的な形式にしたがって、判断力の範型として使用することができるし、使用することを強いられているのである。これらの理由から、ここで述べた注意は、たんに概念の範型論に属するにすぎないものを、概念そのものとみなすことを防ぐために役立つだろう。

この概念の範型論は、判断力の範型論として、実践理性の経験主義に陥らないようにするために役立つ。この経験主義は、善悪の実践的な概念を、たんなる経験の結果のうちに、いわゆる幸福のうちに置くのである。たしかに幸福と、自愛によって規定された意志から生じてくる無限の利益とは、この意志がみずからを同時に普遍的な自然法則とするならば、もちろん道徳的な善のきわめて適切な範型として役立つものであるが、これは道徳的な善そのものではない。

この判断力の範型論は、実践理性が神秘主義に陥らないようにするためにも役立っている。神秘主義は、たんに象徴として役立つにすぎないものを図式とするのであり、不可視の神の国の直観という、現実的ではあるが感性的ではない直観を、道徳的な概念を適用するための土台とするのであり、こうして法外なものの領域に迷い込むのである。

　道徳的な概念を使用するために適しているのは、判断力の合理主義だけである。この合理主義は、純粋理性がそれだけで思考できるものである合法則性だけを、感性的な自然から取りだす。そしてそれとは反対に超感性的な自然のうちに持ち込むのは、自然法則一般の形式的な規則にしたがって、感性界における行為によって実際に示すことができるものだけである。

　ところで実践理性の経験主義に陥らないように防止することは、はるかに重要であり、望ましいことである。それというのも神秘主義は道徳法則の純粋さや崇高さと矛盾するものではないからであり、さらに［神秘主義のように］想像力を超感性的な直観にいたるまで緊張させるというのは、きわめて不自然で、ふつうの人間の考え方とは異なるものなので、［人々が神秘主義に陥る］危険性はそれほど一般的なものではないからである。これに対して経験主義は人々の心構えにみられる道徳性を根こそぎにしてしまう。そもそも人間は、たんなる行為ではなく、まさにこの心構えのうちにおいて、道徳性によってみずからにたいして高い価値のあるものを作りだすことができ、作りだすべきなのである。そして経験主義は義務の代わりにまったく別のもの、すなわち人間の心の傾きとひそかに通じあっている経験的な関心を、道徳性にこっそりと持ち込むのであり、それによってすべての種類の心の傾きと通じあうのである。こうした心の傾きは、それがどのような種類のものであるにせよ、最高の実践的な原理に匹敵する威厳を与えられた場合には、人間を堕落させるものなのである。こうした心の傾きはあらゆる人の性向にとってきわめて好ましいものであるために、経験主義は狂信よりもはるかに危険なのである。多くの人は長い間、こうした狂信の状態を持続することはできないものなのだ。

訳注

（1）カントはラテン語でQuid statis? Nolunt. Atqui licet esse beatis. と書いている。ホラティウス『風刺詩』、第一歌から。

（2）ウィリアム・チェゼルデン（一六八八〜一七五二）はイギリスの解剖学者で外科医。一七三三年に刊行した『骨格の解剖学』は、人体の骨格の初めての本格的な解剖結果を示した書物である。一七二八年には生まれつき盲目だった一三歳の少年の開眼手術を行った。視覚を獲得した少年が、視覚を触感と同じようなものと感じたために、距離も物の形もうまく見分けられなかった様子を記録している。

（3）この「ふだんは鋭い洞察を示す人々」というのは、ヴォルフ派の哲学者たちのことである。ルイス・ホワイト・ベック『カント「実践理性批判」の注解』藤田昇吾訳、新地書房、一二三〜一二四ページを参照されたい。ライプニッツは感性的な認識と理性的な認識の違いは、明晰さの違いにすぎないと考えた。カントはこれらの認識を明確に異なる性質のものと考えるのである。

（4）カントはラテン語でnihil appetimus, nisi sub ratione boni; nihil aversamur, nisi sub ratione mali. と書いている。

『実践理性批判 1』解説

『実践理性批判1』解説 目次

第一章　序と序論

第一節　純粋実践理性の可能性と本書の構成

哲学の体系

カントの『実践理性批判』には序と序論の二つがつけられている。これらの序と序論ではカントはこの書物の意図や全体の構成を語るよりも、むしろ『純粋理性批判』以来、カントに向けられてきた批判に答えることを目的としている。これらの批判は、ごく些細なものから重要なものまでさまざまであるが、順にみてゆこう。

最初の批判は暗黙のうちの批判で、カントが心のうちで考えたものである。それはこの書物のタイトルそのものにかかわる。カントは『純粋理性批判』を刊行した時点で、哲学を大きく二つに分類していた。哲学の対象は自然と自由であり、それにしたたがって哲学も「存在するすべてのものを対象とする」[1]自然哲学と、人間の自由を対象とし、そのために存在するものではなく、「存在すべきものだけを対象とする」[2]道徳哲学に分けられるのである。

ただしどちらの哲学にも、純粋な哲学と経験的な哲学の二種類の哲学がある。ここで「純粋な」という語は、「純粋な理性による認識」[3]を意味している。この純粋な哲学が、「経験的な原理に基づく」経験的な哲学と対比されていることから明らかなように、経験的な原理に基づかないことが「純粋な」学を意味する。

この純粋な哲学にはさらに二種類のものがある。一つは「あらゆるアプリオリな純粋認識について、理性の能力を研究する予備学」[4]であり、これが「批判」と呼ばれる。これにたいして「純粋理性の体系[5]（学）」は、「形而上学」と呼ばれる。

この形而上学はさらに対象に基づいて二つに分類される。自然を対象とする自然の形而上学と、自由を対象とする道徳の形而上学である。カントはこれまでは形而上学と言えば、「思索に基づく理性の形而上学」、すなわち思弁的な形而上学だけが「狭い意味で」形而上学と呼ばれてきたが、「純粋な道徳の理論は、純粋理性に基づいて、人間的でしかも哲学的な認識分野に属するものであるから、これも形而上学と呼びたい[6]」と指摘している。

カントはやがて『自然科学の形而上学的な原理』という書物と、『道徳の形而上学』という書物を刊行する。これがカントのいうほんらいの意味での自然の形而上学と道徳の形而上学に対応するものとなるだろう。カントは『純粋理性批判』を刊行した後で、すぐこの二冊の書物の執筆にかかるつもりだった。しかし初版の刊行の後に、さまざまな誤解を解くために『プロレゴメナ』を刊行し、さらに初版の一部を大きく書き替えて、第二版を刊行したのだった。

批判の役割と位置

この時点ではカントは、「批判」はこの『純粋理性批判』で完了したと考えていたらしい。それには大きく分けて二つの理由があった。理性の性質による理由と、その対象の違いに基づく理由である。そもそも批判が必要とされたのは、理性がみずからに定められた境界を超えて、誤謬に陥るという性質をそなえているからである。「批判が目指すのは、自分の翼に乗って冒険しようとする理性を批判すること[7]」なのである。

カントはこの冒険のために生まれる誤謬を『純粋理性批判』の弁証論のところで、第一章の理性の誤謬推論、第二章の理性の二律背反、第三章の理性の理想にかんして、理性の三つの理念について詳細に批判してきた。第一章で批判されたのは、霊魂の不滅という理念であり、第二章で批判されたのは、人間の意志の自由という理念であり、第三章で批判されたのは、神の存在という理念であった。

カントはこれらの理念そのものを否定するのではなく、理性がこれらの理念があたかも客観的な実在性をもつかのように考えることを批判したのだった。カントにとっては、これらの理念は要請されたものにすぎなかったのであり、それに客観的な実在性がそなわるかのように理論を構築するそれまでの形而上学の方法は、間違ったものだと考えていたのである。

しかし道徳の哲学については、理性はこのような逸脱をすることは考えられないとカントは指摘する。理性は実践的な場面においては、叡智的な主体としてみずからの自由な能力を駆使するはずであり、「理性が純粋な理性として実際に実践的であるならば、理性はみずからの実在性とその概念の実在性を、その行いによって証明するからであり、純粋な理性が実践的でありうる可能性を否定しようとするすべての詭弁が無用になるから」（本書001、以下では段落だけを示す）である。その場合には、「理性がこうした純粋な能力によって、僭越にもみずからの権限を超越することがないかどうかを調べる必要はない」（同）のである。だから必要なのは純粋な実践理性の批判そのものではなく、理性が純粋な実践理性であるかどうかを確認することだけである。

第二の理由は、道徳哲学はたしかに「人間のふるまいをアプリオリに規定し、これを必然的なものとする原理」[8]を含むものであるが、そこにはどうしても経験的なものが含まれてくるために、「批判」の対象とならないと考えられるからである。カントは、すべての実践的な概念は、「快と不快の対象にかかわる」[9]ものであり、「その要素は超越論的な哲学の領域に属さない。超越論的な哲学は、アプリオリで純粋な認識だけにかかわるからである」[10]と考えていた。

超越論的な哲学すなわち批判は、経験にかかわらない「アプリオリで純粋な認識」だけを対象とするものであり、道徳哲学にはどうしても経験的な要素がかかわるために、批判の対象ではないということになる。だから道徳はこうした批判の対象にはならないとされていたのである。

超越論的な哲学の体系構想の修正

ということは、『純粋理性批判』というタイトルの書物では、人間のアプリオリな認識のすべてが批判されたということであり、この書物を書き終えた段階で、批判の仕事は終わるはずだった。しかし『実践理性批判』の冒頭で、この書物は「理性の実践的な能力の全体を批判しようとするものである」(001)と述べているように、カントは実践理性にも批判が必要であると考えるようになる。超越論的な哲学の体系が、自然の認識を対象とするものであるだけではなく、人間の意志の自由をも対象とするものでなければならないと考え直したのである。

カントの新たな構想によると、人間の心には二つの高級な能力があるが、これらは経験的なものではなく、アプリオリな原理に基づくものである。それは認識能力と欲求能力であり、認識能力を批判するのが思弁的な理性批判であり、欲求能力を批判するのが実践的な理性批判である。『純粋理性批判』では認識能力が批判され、『実践理性批判』では欲求能力が批判される。そしてこのようにして、「二つの能力のアプリオリな原理が発見され、それらの原理の使用の条件、範囲、限界に基づいて、こうした原理が規定されることになった。これによって体系的で、理論的であるとともに実践的な学としての哲学の確実な基礎が据えられた」(013)ことになるのである。『純粋理性批判』では、欲求能力は快と不快にかかわる経験的なものであるために、批判の対象ではないとされたが、欲求能力が人間の快と不快にかかわらず、人間の行動を指示する道徳的な原則にかかわるときには、これは経験的なものではなく、「純粋な」理性として、人間のふるまうべき方法を提示するのである。理性がみずからに法則を定める能力においては、人間は快と不快に左右されることを拒むからである。

この新たな構想は、遺稿の『オプス・ポストゥムム』において明確に打ちだされている考え方であり、カントは「理論的・思弁的理性と道徳的・実践的理性との理念における最高の立場における超越論哲学[11]」を構想するようになる。

これに伴って、『純粋理性批判』の位置づけが修正されることになる。純粋な理性の批判はこれで終了したわけではなく、この書物はたんに「純粋な思弁的な理性」(019)の批判にすぎないとされるようになる。カントは本書で『純粋理性批判』をそのままの名称で呼ぶことはない。書名としてではなく、「思弁的な理性の批判」(同)のような呼び方をするのがつねである。『純粋理性批判』は、人間の哲学の対象である自然の認識を対象とする思弁的な理性の批判にすぎないと位置づけ直されたのである。

このようにしてカントは自然と自由の形而上学だけではなく、人間の認識の批判と道徳の批判が必要となると考えるようになったのである。ここに純粋な実践理性の批判が成立する余地が生まれた。やがてカントはこの二つの理性だけではなく、その二つの理性を媒介する能力としての判断力も批判が必要であると考えるようになる。それが『判断力批判』として結実するのである。批判は結局、純粋な思弁的な理性の批判、純粋な実践的な理性の批判、判断力の批判の三つで構成されることになる。

『実践理性批判』の課題

ただしこの構想の修正だけでは問題は解決しなかった。この書物のタイトルが示すように、カントは「純粋実践理性批判」ではなく、「純粋な」という語を外した『実践理性批判』として本書を刊行するのである。それは思弁的な理性と実践的な理性の性質の違いによるものであった。

思弁的な理性については、「そもそも到達しえない対象に向かって進んだり、たがいに矛盾しあう概念のうちでみずからを見失ったりするのではないかという疑いが生まれた」(018)のであり、そのために思弁的な理性については、内在的な批判が必要とされたのだった。そしてまず対象を認識するために不可欠な感性の批判から始まり、その後、直観のうちの多様なものを統一する知性の批判へと進む必要があったのである。だから思弁的な理性の批判は、「感覚能力の批判から始めて原則で終わらねばならなかった」(019)のである。この批判は内から外へと向かう。

ところが実践理性の批判は、このような内在的なものではない。人間が認識する存在であるときには、人間の感性が触発される必要はあるが、自分の自発的な能力で対象を認識する。これは純粋な能力である。しかし実践的にふるまうときには、人間は自分のうちの欲望を制御する意志を働かせる必要がある。この意志というものは、目的をもつものであり、この目的は経験的なものであらざるをえない。これは純粋な能力であるかどうかは、自明のことではないのである。だから実践理性の批判の目的は、純粋な理性の批判ではなく、実践的な理性が純粋なものでありうるかどうか、ありうるとすればどのような条件のもとであるかということを解明することにある。

言い換えると、思弁的な理性の批判の場合は、認識する理性が「純粋な」ものでありうることは自明のことだった。しかし実践的な理性がかかわるのは、認識能力ではなく、「意志を規定する根拠だけ」（018）である。そのときにそれが「純粋な」ものであるかどうかを判断する基準は、それが経験的なものに条件づけられているかどうかということである。だからここでの問題は、「純粋な理性はそれだけで意志を規定するのに十分なものでありうるのか、それとも理性は経験的に条件づけられた場合にかぎって、意志を規定する根拠となりうるのか」（同）ということである。

理性が「それだけで」意識を規定するのに十分なものであれば、実践理性は純粋なものであるだろう。しかし「経験的に条件づけられた場合にかぎって」意志を規定するものであるならば、それは純粋なものではなく、実践理性は純粋実践理性ではないだろう。だから『実践理性批判』を『純粋実践理性批判』と題することはできない。まず『実践理性批判』と題しておいて、理性が純粋なものであるかどうかを明らかにすることが、この書物の重要な課題なのである。

『実践理性批判』の構成

実践理性が純粋なものでありうることを証明するためには、人間が経験的な条件だけに規定されているのでなく、経験的な条件のもとでも自由な意志をもつこと、そして実践理性は、自分の感性的な欲望を否定してでも、みずから定めた法則にしたがう自律した能力であることを証明する必要がある。そしてこの課題のもとでは、人間が自分の欲望にしたがって行動するだけではなく、自分の欲望を否定してでも、みずからに法則と命法を定めるのかどうか、それとそれらを定めるとすれば、それらはどのような性質のものか、またこうした法則を定める人間の自由は可能であるかどうかを考察する必要があるのである。

考察の順序としては、まずこうした法則と命法について考察した後に、人間の自由な能力を証明することが必要になる。これを担当するのが分析論である。この分析論では、感性から考察を始めて、原則にたどりついた『純粋理性批判』とは反対に、まず原則から始める必要がある。理性が意志を規定するのは原則によってだからであり、この原則の考察の端緒となるのは、「経験的な条件に拘束されていない原因性の原則」(019)だからである。この原因性の分析において、自由の概念が考察され、人間が自由でありうるかというきわめて重要な問題が検討される。

これによって人間が自由であることが確認された後に初めて、この自由の能力によって、「意志を規定する根拠についての概念を確定し、こうした概念がさまざまな対象にどのようにして適用されるかを考察し、最後にこうした概念が、「行為する」主体とその感性にどのように適用されるかについて確定すべきなのである」(019)。この自由によって実践理性が「純粋な」実践理性であることが確認された後に、自由のカテゴリーが考察され、その感性とのかかわりが検討されることになる。原則、概念、感性というように、感性から始めて原則で終わった思弁的な理性の批判とは反対の方向で考察する必要があるのである。

分析論につづく弁証論では、『純粋理性批判』で提起された霊魂の不滅、人間の意志の自由、神の存在という理性の三つの理念が考察される。ただし意志の自由がすでに確認されているので、この部分では霊魂の不滅と神の存在の理念だけが考察されることになる。そして『純粋理性批判』とは反対に、理性がこれらの理念でみずからの領域を逸脱することを批判するのではなく、これらの理念を要請することで、最高善が実現されることを明らかにしてゆくのである。

第二節　その他の批判への反論

権限の拡張の問題、現象と物自体の問題

このように、序の冒頭と序論では、実践理性が純粋なものでありうることの証明の必要性が確認され、これに基づいて、『実践理性批判』の構成が『純粋理性批判』に対応する形で確認されたのである。序の残りの部分は、その他の批判にたいする応答である。[12] 登場する順にみてみると、第一の批判は、カントが批判哲学の「大きな謎」(006)と述べているものにかかわる。この謎とは、「感性の領域を超えたところでは、思弁におけるカテゴリーの使用に客観的な実在性を与えることを拒否したのであるが、それでいて純粋実践理性の客体にかんしては、カテゴリーにこのような実在性を認めることができるのはどうしてなのか」(同)というものである。

この問いは、とくに『道徳形而上学の基礎づけ』をめぐって提示された非難に答えるものであり、カントはこれを「これまで批判にたいして向けられたもっとも重要な非難」(007)と認めているのである。

この非難をカントは「二つの軸」（007）に分けて次のように表現している。すなわち「一方では、叡智的《ヌーメノン》な存在に適用されたカテゴリーの客観的な実在性が、理論的な認識においては否定され、実践的な認識においては肯定されていることへの非難があり、他方では人間を自由の主体としては叡智的《ヌーメノン》な存在とみなし、自然のうちでの主体としては、人間の経験的な意識における現象《フェノメノン》とみなすという逆説的な要求への非難」（同）があるのである。

すなわち第一の軸が、カントが指摘した「謎」に対応するものであり、実践的な理性と思弁的な理性の拡張の問題であるが、この問題が同時に、人間が自由な行為においては叡智的な存在でありながら、経験的な意識においては現象にすぎないという第二の軸の問いを必然的に呼びだすのである。

この二つの問いは、本文の第一章第八節の「第二項　純粋理性は、実践的な使用においては、思弁的な使用だけでは不可能な拡張を行えることについて」のところで詳細に答えられる。該当するところで詳しく検討するが、意志の概念は原因性の概念を含むものであり、この原因性という純粋知性概念、すなわちカテゴリーが「超感性的なものの領域」（083）においても「客観的な実在性」（同）をそなえていることが、実践理性の領域では認められることになり、それによって残りのカテゴリーにも、客観的な実在性が認められるということになる。

この自由は「叡智的な主体としての存在者」（同）に認められたものであり、第二の軸の現象としての主体と叡智的な主体との関係も、ここで解明されることになる。そして「思考する主体すらも、それ自身にとって内的な直観においてはたんなる現象にすぎないという奇妙な主張」（006）が完全に正しいことが認められたと主張されることになる。思弁的な理性にとっては、みずからも現象にすぎないが、実践的な理性にとっては、みずからが物自体であり、叡智的な主体であることを主張できるようになったというのである。これがカントにとって重要な意味をもつのはたしかだろう。カントはこの第八節の第二項の考察によって、「いまや実践的な理性は単独で、思弁的な理性に協力を求めずに、原因性のカテゴリーの超感性的な対象に、すなわち自由に、実在性を与えるのである」（同）と自画自賛しているのである。

自由の循環論の問題

第二の批判は、自由の概念にかんするものである。カントは『実践理性批判』では

『純粋理性批判』と比較すると、「理性がこの概念をまったく異なる形で使用するように移行している」(008)ために、新しい形で自由の概念を利用できることを指摘する。具体的には、この問題は『道徳形而上学の基礎づけ』でカント自身が認めていた循環論をめぐるものである。

カントは人間の意志が自由であることを前提として、道徳性を確立し、次に道徳性が存在することに基づいて、人間の意志が自由であることを確立するのは循環論ではないかという「疑念を抱いた」[13]ことを、『道徳形而上学の基礎づけ』で認めていたのである。この問題は、本書の第一章第八節第一項「純粋実践理性の原則の根拠づけについて」で詳しく検討される。ただしこの序の第四段落の注で、カントはこの解決法を提示しているので、それを調べてみよう。

カントはここで「自由を道徳的な法則の条件と呼んだが、本書の後の部分では、道徳的な法則こそが、わたしたちが自由を初めて意識することができるための条件であると主張することになる」(004n)ことは、たしかに循環しているようにみえるかもしれないと認める。しかし本文で明らかにされるように、人間が真の意味で自分を自由であると認識することができるのは道徳法則があるからであり、その意味では「道徳的な法則は自由の認識根拠《ラティオ・コグノスケンディ》」（同）である。それでも自由が存在しなければ、道徳性がありえないこと、「自由が存在しなければ、わたしたちのうちに道徳的な法則をみいだすことはできなかった」（同）こともまた事実であり、その意味では、「自由はたしかに道徳的な法則の存在根拠《ラティオ・エセンディ》」（同）なのである。この表現方式によって、この循環論という「疑念」は完全に解消されたとカントは考えている。

なお自由にかんしては、現象の世界の人間がしたがう自然の法則と、物自体としての人間が行使する自由の対比も重要である。この二つの原因性が「同一の主体である人間において確立されている」（006n）のであり、「主体である人間を、自由としての原因性においては存在者そのものとみなし、自然のメカニズムとしての原因性においては現象とみなす必要がある」（同）のである。現象の世界では人間は自然の法則の原因性にしたがいながらも、叡智界に存在する主体としては、自由の原因性のもとで、意志の自由を行使して行動することができるのである。

道徳の新しい定式

第三の批判は、『道徳形而上学の基礎づけ』では「道徳の新しい原理が示されているのではなく、新しい定式が示されただけだ」（009n）という「ある批評家」（同）の批判である。カントは、この批判を自明のこととしてうけいれる。そして「道徳の新しい原理」を示そうという野心などもっていないことを逆に主張するのである。

カントは道徳性というものは、すべての人間が自明のものとして考えているものであり、これまでの長い哲学の歴史において、さまざまに考察されてきたものであることを指摘する。善悪を知らない人間はいないというのがカントの前提であり、善や悪や義務について、他人の知らないことを語りだす必要はないと考えるのである。それはまるで「人々は義務についてはまったく知らなかったとか、人々がまったく間違っていたとか言う」（同）ことなのである。

だから「すべての道徳の新しい原則を導入して、それを最初に発見したのは自分であると主張する」（同）ようなことなど不可能であり、ただ「新しい定式」を示すことで、道徳哲学の一歩を進めることを試みていると主張するのである。

善の概念

第四の批判は、「真理を愛し、鋭く、それゆえにつねに尊敬に値するある批評家」

（010）ピストリウスの批判である。この評者は、「道徳の原理を考察する前に、善の概念が確立されていない」[14]（同）ことを非難したのだった。道徳の原理にかんする批判と同じく、カントはこの批判も正しいものであることを認める。これこそがまさに道徳哲学における「コペルニクス的な転回」のありかたを示したものだからである。カントはこの問題を第二章「純粋実践理性の対象の概念について」で詳細に検討する。

カントはこれまでの道徳哲学が、善とは何かをまず定義してから、さまざまな道徳論を構築していたことを指摘し、これは道徳的な命法そのものではなく、その対象、その内容に依拠して道徳を論じるものであることを強調する。そして内容に依拠するかぎり、すべての道徳的な命法は仮言命法となり、究極のところは自愛を原理とするものであると批判するのである。カントは「善の概念は、それに先立つ実践的な法則によって導かれるのではなく、この法則の根拠として役立つべきもの」（086）だとすれば、この善の概念が意味するのは、「わたしたちの欲求能力を規定する〈何かあるもの〉の概念にすぎず、その〈何かあるもの〉が現存するとわたしたちに快が約束されるために、わたしたちはそれを実現するために主観的な原因性をもつようになる」（同）ことにすぎないと指摘する。そして快をもたらすものという概念に依拠するかぎり、善とは何か、悪とは何かは経験に基づいて決定するしかなくなり、アプリオリな道徳的な法則が不可能になってしまうことを断言するのである。

なおこれに関連してカントは、本文で快の感情について定義していなかったことを認めて、「快とは、対象あるいは行為が、生の主観的な条件と一致するという観念」（010n）と定義している。

造語への批判

第五の批判は、カントは「新しい造語」（012）を作りだすという『純粋理性批判』に向けられた批判であり、カントはこの書物ではそのような非難を向けられることはないだろうと語っている。道徳性の問題は、ふつうはすぐ議論に飽きてしまうような人でも、「あれこれの行為の道徳的な価値にかんする議論」（2巻、210）には熱中するものであり、この問題は「平易なものに近い」（012）からである。

また『純粋理性批判』での造語の批判には、新しい思想には新しい言葉が必要であることを指摘し、「もっと思想の内容にふさわしい平易な表現を思いつかれたならば、あるいはこうした思想の空しさと、こうした思想を表現する言葉の空しさをあえて示していただけるならば」（同）、ぜひ教えてほしいと読者に挑戦するのである。

アプリオリなものの可能性

最後の批判は、『純粋理性批判』に向けられたものであり、「誰かがアプリオリな認識などというものはどこにも存在しないし、存在しえないという意外な発見」（014）をしたことへの反論である。カントは一七八七年六月二五日付けのシュッツ宛ての書簡において、フェーダーが「アプリオリな認識はまったくないと主張した」[15]ことを指摘しているので、同年のフェーダーの『純粋理性批判』への書評「空間と因果性について、カント哲学の吟味のために」にたいする反論であることが分かる。

アプリオリな認識を否定するということは、カント哲学をそのまま否定するということであるから、カントは、これは「理性などというものが存在しないことを、理性によって証明しようとするようなこと」（同）にほかならないと断定する。経験的なものは必然性を生みだすことができず、必然性と普遍性はアプリオリなもののうちにしかないというのが、カントの考察の重要な帰結なのである。

これは因果関係のうちに必然性がないことを主張したヒュームの議論にもかかわる

ために、カントはヒュームの「普遍的な経験論」(015)についても検討する。そしてすべてのことを、経験を原理として判断するというならば、「数学も経験論のうちに含まれることになる」(同)だろうし、数学の命題も普遍的なものでも、必然的なものでもなくなることを指摘するのである。この「普遍的な経験論は、純粋な懐疑論となる」(016)のであり、哲学も批判も成立しなくなるのである。

このように、序で反論された批判は、この書物の重要な内容を総括するものであり、カントは本書の本文で、これらの重要な問題を詳細に検討する。その意味では序は本書の内容の紹介としても役立つのであるが、それだけでなく、カントの問題意識を明らかにして、本文をさらに補足するものとなっている。たとえば「道徳的な法則は自由の認識根拠《ラティオ・コグノスケンディ》」(004n)であり、「自由はたしかに道徳的な法則の存在根拠《ラティオ・エセンディ》」(同)であるという重要な説明は、本文では欠けていて、カントがこの序で初めて提示したものなのである。

第二章　純粋実践理性の原則論

第一節　定義

数学的な方法

カントはすでに指摘したように、『純粋理性批判』では感性から始めて概念へ、そして原則にいたるが、『実践理性批判』では原則から出発して概念にいたり、最後に感性にいたると語っていた。この章は原則、行動原理、法則の定義から始まり、準則と命法の定義まで行う。カントはこの書物では、スピノザの『エティカ』と同じように、定義、定理、系、注釈という、ユークリッドの幾何学原論の方法で考察を展開してゆく。

カントは『純粋理性批判』では数学の方法を哲学に適用できないことを何度も指摘

しているが、それは思弁的な理性にとって、数学の方法が利用できないという意味であった。思弁的な理性は認識にあたって、「〈概念による〉理性使用」[16]を行う。これにたいして数学は「〈概念の構成による〉理性使用」[17]を行うのであり、直観を利用することができる。思弁的な理性は数学のような「概念の構成」を利用することができないので、数学を真似てはならないのだった。

しかし実践的な理性においては、純粋に実践的な法則を考察するのであり、「純粋に実践的な法則であれば、その目的は理性によって完全にアプリオリに規定されている。こうした法則は、経験的に条件づけられたものではなく、絶対的に命じられたものであり、純粋な理性の産物なのである」[18]。この純粋な道徳の学には、純粋な数学と同じ方法が適用できると考えるのである。

規則、準則、原則、法則

カントの用語法はつねに厳密とは限らないが、ここで原則にかかわる用語法をすこし整理しておこう。人間は対象を認識するときに、判断を下す。この判断を表現したものが命題である。この命題には、理論的な命題と実践的な命題がある。理論的な命題は、「酒を飲むと酩酊する」[19]のようなものである。これは客観的で中立的な命題であり、真偽を問うことができる。これにたいして主観的な欲求が関与してくるときには、そこから実践的な命題が作られる。「酒を飲むな」というのが、そのような実践的な命題である。

この実践的な命題には規則と原則と法則と準則がある。実践理性は意志を規定する能力があるが、この意志を規定する際に、その必然性に差異があるのである。ごく一般的に規定するものである場合には、それは規則《レーグル》として定められる。たとえば「毎晩、夕食のときに酒を飲もう」というのは、その人が定めた規則とみなすことができるだろう。これは食事をおいしくするという目的を実現するための一つの手段として、飲酒という行為を定めているのである。規則は「意図する結果を実現するための手段としての行為を指示する」（021）のである。

これが普遍的な規則として「食後に自動車を運転するのであれば、夕食のときにも酒を飲むな」という形で定められた場合には、これは準則《フォアシュリフト》と呼ばれるだろう。その主体の行動を普遍的に律するものだからである。準則が法則と違うのは、これが必然性という性格をそなえていないことにある。準則はある条件のもとでの行為の普遍性を示すだけで、「実践的な準則には必然性が欠けている」（021）のである。もしもこれが「意志の普遍的な規定」（020）を含む場合には、それは原則《グルンドザッツ》と呼ばれる。「酒に飲まれるな」というのは、意志を規定する普遍的な命令なので、原則と呼ぶことができるだろう。これにたいして、この原則がそれは法則《ゲゼッツ》と呼ばれることがあるが、それは「意志を規定するための十分な根拠をみずからのうちに含むことができる」（021）場合である。カントはそれを判断する基準として、その原則がその主体だけでなく、すべての理性的な存在者の意志に妥当すると判断された際には、法則であると語っている。「酒を飲んだら車を運転するな」は、現代の日本では法則に近いものとして扱われるだろう。

　人間の実践ではなく自然を考察する思弁的な理性においては、判断が形成される際に、規則と法則が定められる。「特定の多様なものを、（まったく同じ形で）措定しうるための一般的な条件[20]」は規則と呼ばれる。この規則を「かならず設定しなければならない場合には、それは法則と呼ばれる[21]」。自然のすべての現象は、自然法則にしたがって結びつけられているのである。

　カントはアプリオリな規則が原則となるために必要な条件を二つあげている。「そのうちに他の判断のための根拠が含まれている」[22]こと、そして「アプリオリな原則の根拠を含むようなさらに高次の一般的な認識というものが、ほかに存在しない」[23]ことである。最終的な規則が原則なのである。

またアプリオリで普遍的な命題は、原理《プリンツィープ》と呼ばれる。カントのあげる例では、「運動が伝達される際には、作用と反作用が等しい」（同）というのが原理である。そして自然の認識においてはこの原理は法則と等しいことになる。「この領域では理性は理論的に使用されるのであって、客体の特性によって規定されているから」（同）である（ただしカントは、原理を原則と同じ意味で使うことがあるので注意が必要である）。

この「高次の一般的な認識というものが、ほかに存在しない」という条件は、実践的な原則にも該当するだろう。実践的な原則には二種類ある。主観的な原則と客観的な原則である。主観的な原則は、行動原理と呼ばれ、客観的な原則は実践的な法則と呼ばれる。前の酒の例で言えば、行動原理は「食事のときには必ず晩酌をする」というものだろうし、実践的な法則は「他人に無理じいして酒を飲ますな」というものだろう。法則についてカントは、純粋な理性が「意志を規定するための十分な根拠をみずからのうちに含む」（同）場合と言い換えている。

ただしここでいう「主観的な原則」と「客観的な原則」という区別は、誤解を招くかもしれない。どちらもある意味では主観的なものなのである。ただその原則が「主体がみずからの意志だけに適用されるものとみなしている」（020）場合には主観的なものであり、「すべての理性的な存在者の意志に妥当するものとして、すなわち客観的なものとして認識されている」（同）場合には、客観的なものとされているからである。

この区別を判断するのは、主体がその原則をどのように考えるか、自分だけに妥当するものと「みなしている」か、すべての他者に妥当するものと「認識されている」かという基準であり、それを判断するのはあくまでもその主体である。そのことは、「侮辱されたならば、復讐せずにはおかない」（021）という原則が、主観的な行動原理であるか、客観的な法則であるかを判断する際の基準として、それが「すべての理性的な存在者の意志に妥当する規則とされた」（同）ときには、自己破壊的なものとなるという判断基準が使われており、その判断があくまでも主体に委ねられていることからも明らかだろう。

命法

ここで問題なのは、自然の認識にあってはすでにあげた運動の原理のように、法則そのものとなるが、実践的な領域では原則がそのままで法則とはならないことである。天体や落下する石とは違って、人間は原則だけによって行動するものではないからである。人間には感性があり、意志にさからう欲望があり、自由な存在だからだ。

そのために、カントはここでこれらの規則、準則、原則、法則という系列の区別のほかに、命法という概念を提起する。命法が必要であるのは、「実践的な認識においては、すなわち人間の意志を規定する根拠だけにかかわる認識においては、わたしたちがみずから定める原則は、わたしたちが必ずしもしたがう法則のようなものではない」（同）からである。主観的な原則である行動原理は、その主体がみずから好んで定めたものである。主体がこれにしたがうのは、いわば当然である。ただ、主体は複数の行動原理を選ぶことができるのであり、異なる行動原理が対立した場合には、理性が最適なものを選択するか、欲望の強さが決定するだろう。毎晩晩酌をするという行動原理と、友人に招かれたら必ず応じるという行動原理をもつ人が、禁酒派の友人から夕食に招かれたら、どちらの行動原理を選択するかを、決定しなければならないだろう。

これにたいして、命法は「客観的に妥当するものであり、主観的な原則としての行動原理とはまったく異なる」(021)のである。これは欲望ではなく、理性が意志に、みずから定めた規則や原則などを遵守するように命じるものである。人間は「意志を規定する根拠が理性だけではない」(同)ので、規則や原則に欲望が対立した場合には、理性が「なすべし」(同)と命じる必要があるのである。

カントは命法も「実践的な法則」(同)と呼んでいることに注意しよう。原則は主観的な原則であれば、命じられる必要はないが、命法である実践的な法則は、命じられる必要があるのである。主観的な行動原理と命法の違いは、その形式の違いにあると考えることができる。命令という形をとった法則が、命法なのである。行動原理は心の傾きにしたがったものであるが、命法として表現される法則は、必ずしも心の傾きにしたがわず、主体が理性による「強制」とみなすものである。「ある客観的な原理の観念が、ある意志を強制する場合には、それは(理性の)命令と呼ばれる。この命令を表現する方式は命法と呼ばれる[24]」のである。

行動原理と命法を比較すると二つの重要な違いが確認できる。第一に、行動原理は主観的な原理であるから、客観的に妥当することがない。命法は、「客観的に妥当するものであり、主観的な原則としての行動原理とはまったく異なる」（同）ものである。この違いは、行動原理と法則の違いと同じ「主観的な妥当性」と「客観的な妥当性」という基準に基づいて考えられている。

第二の違いは、意志への「強制」にある。行動原理は、主体がみずからの欲望によって定めたものであるが、命法は、その行動原理にしたがうことが主体にとって必ずしも「良い」ことではないものである。命法は「わたしにとって可能な行為のうち、どの行為が善いものであるか」[25]、を示すもの、すなわち主観的な快をもたらすという意味で良いものではなく、道徳的に善いものを示すものである。人間は理性以外の感性によっても触発されるので、「その主体は、実践的な理性の客観的な原理に反するような行動原理を所有している」[26]ことがありうるために、命法が命じなければならないのである。この違いはまた、心の傾きとの関係の違いに重なる。行動原理は心の傾きに依拠するが、命法は心の傾きを否定する性質があるのである。

第二節　仮言命法と定言命法

命法の種類

この実践的な命法には二種類ある。仮言命法と定言命法である。仮言命法と定言命法の違いをカントはいくつもの観点から示している。第一の観点は、命法の形式から定められるものである。『純粋理性批判』では判断表において、仮言判断と断言（定言）判断が区別されていた。仮言判断は、「AがBであれば、CはDである」というように、まず条件が提示され、次に判断が示される。これにたいして断言判断では、「AはBである」というように、いかなる条件もなしに断言される。それと同じように、仮言命法は、「～であれば、～をなすべし」と命じる。定言命法は、これにたいしていかなる条件もなしに「～をなすべし」と命じる。カントの好きな嘘の例で言えば、「嘘であることが露呈するような場合には、嘘をついてはならない」と命じるのは仮言命法であり、「嘘をついてはならない」と命じるのが定言命法である。

第二の観点は本書で初めて示されるもので、その命法が意志だけを規定するか、その結果も考慮にいれるかという違いである。カントは「作用する原因として、理性的な存在者が原因として機能するための条件を規定する」にすぎない命法、そして「たんに結果と、その結果をもたらすに十分な条件について規定する」(021)にすぎない命法を仮言命法と呼ぶ。これにたいして定言命法は、「意志だけを規定し、その意志が結果をもたらすために十分なものかどうかは問わない」(同)命法である。

　第三にこの観点から当然でてくる帰結として、行為の手段と目的の関係から、仮言命法と定言命法が区別される。カントは『道徳形而上学の基礎づけ』では仮言命法と定言命法の違いを、主としてこの観点から定義している。仮言命法は、「その行為が他のもののための手段として善いだけである」[27]命法である。これにたいして定言命法は、「行為がそれ自体として善いものと考えられる」[28]命法である。

　第四の観点は、客観的な必然性がそなわっているかどうかという観点からの区別である。仮言命法は、実践的な準則を教えるものであり、その主体にとって善であるものを教える。たしかにそこにはある種の必然性がある。必然性がない場合には、命法として表現されることがないからである。ただしこれはある条件のもとで、ある行為が必然的に善であることを教えるだけであり、その善を実現するための方策は、その主体がさまざまなものを選択することができる。これは「主観的に条件づけられた必然性」(021)にすぎないし、「すべての主体において同じように妥当すると想定することはできない」(同)のである。

これにたいして定言命法は、実践的な法則を命じるものであり、この命令はこの主体だけではなく、すべての理性的な存在者に客観的かつ普遍的に妥当する。これは「それぞれの理性的な存在者ごとに異なるような偶然的で、主観的な条件と関係なく妥当する」(同)ものである。

仮言命法の分類

カントは『道徳形而上学の基礎づけ』では仮言命法をさらに二つに分類しているので、ここで確認しておこう。行為をなす意図が可能的な場合の仮言命法と、現実的な場合の仮言命法である。「その行為が可能的な意図のために善いものである場合には、その仮言的な命法は不確定な実践原理である。その行為が現実的な意図のために善いものである場合には、その仮言的な命法は断定的な実践原理である[29]」。

意図がまだ可能的なものであるにすぎない場合には、その仮言命法は「熟練の命法[30]」と呼ばれる。カントのあげた例では、暗殺者と医師の薬学における熟練は、暗殺者の場合には確実に相手を毒殺するために役立ち、医師の場合には患者を治療するために役立つ。どちらの場合にも、いずれ必要となる可能性があるために、薬学を学ぶことは善なのである。これは「技術的な命法[31]」とも呼ぶことができる。

次に意図が現実的なものとなっている場合には、その仮言命法は「抜け目のなさ[32]」の命法と呼ばれる。この現実的な意図というのは、医師が患者を目の前にしているという意味で現実的なのではなく、すべての人が現実に所有していることが間違いのない意図、すなわち「幸福になりたい」という意図のことをさしている。仮言的な命法が、「みずからの幸福を促進するための手段[33]」として、ある行為が実践的に必要であることを示すものである場合には、これは「抜け目のなさ」の命法と呼ぶことができるとされたのである。

『道徳形而上学の基礎づけ』とは違って本書でカントは、この二つの仮言命法を区別しなかった。ただ仮言命法は「熟練のための準則を含む」（同）と語っているだけである。カントは熟練の命法は分析的なものであり、主体がその内容を認識すれば、必ず実行する性質のものであると指摘している。医師になろうと思えば、かならず薬学を学ばねばならないのであり、医師になることという概念には、薬学を学ぶことという概念が分析的に含まれているのである。

カントは「幸福を願う」という「抜け目のなさ」の命法もまた分析的なものであると結論しているので、結局は同じ命法に還元できるのである。本書では仮言命法の種類よりも、この意図する目的がどのようなものであるかということに考察が集中されるのである。あるいは、仮言命法でありながら、「〜であるならば」という仮定をもたず、「誰もがある種の自然の必然性にしたがって」[34]という必然性の想定のもとで語られる第二の「抜け目のなさ」の命法と、絶対に必然的な定言命法の違いに注目していると言うことができるだろう。この二つの定言的な命法の違いを作りだすものは何か、そして仮言命法の示す実践的な準則と、定言命法の示す実践的な法則の違いを作りだすものはなにかが、次の二つの定理で考察されることになる。

第三節　定言命法のための条件

実践的な法則の条件についての二つの定理

すでに考察してきたように、実践的な準則は、ある目的のために善であることを教えるものである。カントがあげた例は、老後の幸福のために、若年の頃に節約することを教えるものだった。「これは意志にたいする正しく、しかも重要な実践的な準則である」(021)が、すべての主体において客観的に妥当することは期待できないものであるから、準則にすぎず、法則ではない。

規則が実践的な法則であるためには、すなわち規則が「客観的で普遍的に妥当するためには、それぞれの理性的な存在者ごとに異なるような偶然的で、主観的な条件と関係なく妥当することが必要」(同)なのである。それではどのようにすれば、規則は実践的な法則になることができるだろうか。

カントはその条件を二つの側面から考察する。理性が意志として規則を定め、守るという人間の主観的な側面と、規則の目的という客観的な側面から考察するのである。

まず主観的な側面からみると、人間の「欲求能力の客体（実質）を想定しているような実践的なすべての原理」（022）は、実践的な法則であることができない。これが定理一である。

客観的な側面からみると、「自愛、すなわち自己の幸福を目指す普遍的な原理」（025）は、実践的な法則となることができない。これが定理二である。そしてこの二つの定理を統合することで、実践的な法則は自愛のような「実質」ではなく、「形式」だけに注目したものでなければならないことが結論されるのである。次に実践的な法則の条件を定めたこれらの二つの定理について順に考察してみよう。

二つの欲求能力

カントは晩年の『道徳の形而上学』において精神の能力として、認識能力、感情、欲求能力の三つを挙げて整理している。認識能力は対象を認識する能力であり、感情は、「ある像において、快感あるいは不快を感じる能力」[35]である。それにたいして欲求能力とは、「像をつうじて、その像の対象であるところのものの原因となる能力」[36]である。分かりにくい表現だが、欲求能力とは、あるものを心で思い描き、それを現実の対象とする能力である。リンゴを食べたいと心に思い描き、それを手にいれようとするのが欲求能力だということになる。

認識能力については、カントは上級の認識能力と下級の認識能力を区別している。「〈上級の認識能力〉は知性、判断力、理性に区分される」[37]のである。これにたいして下級の認識能力は感性である。そして欲求能力もまた上級の欲求能力と下級の欲求能力に区別される。

『道徳の形而上学』によると、上級の欲求能力とは、理性に基づいた欲求能力であり、下級の欲求能力は感性に基づいた欲求能力である。感性に基づいた下級の欲求能力は、欲望と呼ばれる。この欲望はつねに、快感が原因となって、その対象の実現を求めるのである。この欲望が習慣的なものとなると、心の傾きと呼ばれる。これにたいして、概念に基づいた欲求能力は、「その行為へと規定する根拠が客体のうちにではなく、それ自体においてみいだされる場合には、任意にふるまう能力と呼ばれる」[38]。その能力が客体を実現する行為の能力と結びついているとき、この能力は「選択意志《ヴィルキュア》」と呼ばれる。その行為の能力と結びついていない場合には、たんなる「願望《ヴンシュ》」と呼ばれる。理性が欲求能力を規定する場合には、その欲求能力は「意志《ヴィレ》」と呼ばれる。選択意志にも願望にも、理性がかかわることができるため、意志のうちには選択意志と願望が含まれることになる。

これらの定義は『道徳の形而上学』によるものであり、『実践理性批判』ではカントは意志と選択意志をこれほど明確に区別しておらず、どちらともとれる使い方をしている。注意したいのは、『道徳の形而上学』では自由の概念は意志よりも選択意志にかかわるということである。選択意志には、動物的な選択意志と自由な選択意志がある。これは『純粋理性批判』と同じである。動物的な選択意志は、「ただ心の傾きだけによって規定されうる[39]」ものである。これは欲望のままに選択するので自由ではない。これにたいして人間の選択意志は自由であり「衝動によってたしかに触発されはするが、規定されはしない[40]」のである。

自由な選択意志は消極的な意味では、このように衝動によって規定されないということであるが、積極的な意味では、普遍的な法則を立てて、みずからの行動原理をこの法則に一致させるという「それ自身だけで実践的であることができる[41]」ことにある。これこそが上級の欲求能力であり、純粋実践理性である。

ただしこれは『道徳の形而上学』の定義であり、カントは『実践理性批判』ではこの純粋実践理性の存在を証明するという作業をこれから始めるのである。カントはそのためまず、上級の欲求能力を「たんなる形式的な法則」（027）によって意志を規定する能力であると定義し、下級の欲求能力とは、「実質的な内容をもつすべての実践的な規則」（同）が、「意志を規定する根拠を」（同）置くものであると定義する。

それからカントは、幸福を実質的な内容とするすべての実践的な規則は、下級の欲求能力によって規定されたものであり、実践的な法則とはなりえないこと、そして内容ではなく、形式だけで意志を規定する上級の欲求能力の規定するものだけが、実践的な法則となりうることを、この二つの定理で証明しようとするのである。

第一の定理とその証明

第一の定理はまず、意志と意志の対象という観点から、実践的な原理について考えようとするものである。意志は何かを欲求するが、その欲求を規定する原理には二種類のものがあると考えられる。実質的な内容を目指す原理と、「たんなる形式」によって規定される原理である。これはすでに述べたように下級の欲求能力と上級の欲求能力のそれぞれを規定する原理である。定理一では、ある実質的な内容が欲求能力としての選択意志を規定している場合には、それは「どれも経験的なものであり、実践的な法則を示すことはできない」(022)ことを主張する。

その証明は三段階で行われる。第一に、このような実質的な内容によって選択意志が規定されている場合には、その主体の選択意志は客体の観念によって規定されているために、それが実現されれば快感が生まれることになる。選択意志はこの快感を手にいれるために、ある行為を選択するのである。行為の目的は快感を獲得することにある。

第二に、このような快感に基づいて行為を選択する場合には、その行為がほんとうに快感をもたらすか、それとも期待に反して不快をもたらすか、そのどちらでもないかは、「アプリオリに認識することはできない」(023)。実際に選択したことによって望みの対象が手にはいれば、主体は快感を覚えるだろうが、失敗したら快感はえられず、多くの場合は不快を感じるだろう。だからこれは経験的なものである。

第三に、快感の獲得を目的とした原理は、その主体に行動原理を与えることはできるだろう。しかしこの原理で快感を獲得するかどうかは、主体ごとに異なるものだろう。この原理はアプリオリなものではないために「経験的な」ものであるだけでなく、

「すべての理性的な存在者に同じような形で妥当することはできない」（024）ものであるために、「普遍的な」ものでもない。

ところが実践的な法則は、アプリオリであり、かつすべての理性的な存在者に妥当する普遍的なものであり、「アプリオリに認識しなければならない客観的な必然性」（同）をそなえたものでなければならない。だから結論として、このような原理は、実践的な法則を与えることができないことが証明されたことになる。

第二の定理とその証明

このようにカントは主体の選択意志とその対象との関係に注目し、実質的な内容によって規定される選択意志は経験的なものであり、アプリオリな必然性に欠けることに基づいて、このような選択意志は下級の欲求能力であり、法則を与えることができないことを証明した。次にカントは、こうした実質的な内容をもつ選択意志を規定する原理そのものを規定して、上級の認識能力を規定する原理がどのようなものでなければならないかを明らかにしようとする。

第二の定理は、このような実質的な内容をもつ原理は、すべてが「自愛、すなわち自己の幸福を目指す普遍的な原理に分類されるものである」（025）というものである。

その証明は手早く、二段階で行われる。第一に、すでに考察してきたように、そのような実質に基づく原理は、対象を獲得することによってえられる快感を目的とする。この快感は、感覚能力である感情の一つである。

第二に、感情が規定する欲求能力は下級の欲求能力である。この下級の欲求能力が目指すのは主体が快感を獲得することであり、「たえず生の快適さが伴っていることを意識する状態」（026）を幸福と呼ぶとすれば、この欲求能力は幸福を目的とする。だから結論として、このような実質的な原理は、幸福を目的とした自愛に基づく原理であることになる。

この結論から示されるのは、実質的な内容をもつすべての実践的な規則は、感情に基づいた下級の欲求能力を規定する原理であるということである。理性に基づいた上級の欲求能力を規定する原理は、このような実質的な内容をもつ規則であってはならず、「たんなる形式的な法則」（027）が〔選択〕意志を規定しなければならないのである。

第四節　普遍的な立法と自由

結論としての第三の定理

これらの二つの定理で、上級の欲求能力を規定する実践的な法則の条件が確認されたことになる。それは経験的なものであってはならず、アプリオリなものでなければならない。また、個々の理性的な存在者に妥当する特殊なものであってはならず、普遍的に妥当するものでなければならない。さらに偶然的なものであってはならず、必然的に妥当するものでなければならない。また感情によって快感を目的として選択意志を規定するものであってはならず、知性によって快感を目的とせずに選択意志を規定するものでなければならない。

どのような内容のものであれ、ある対象からえられる快感を目的とする原理は、その快感を獲得できるかどうかは個々の理性的な存在者に応じて異なるものであるため経験的なものであり、必然的な性質のものではない。そのためこうした原理は下級の欲求能力だけを規定するものであり、実践的な法則となることはできない。これを明確に定式化したのが、定理三である。

定理三は主体との関係を考察した定理一と、原理の性格を考察した定理二に基づいて、示される結論である。この結論は、「理性的な存在者が自分の行動原理を普遍的な実践的な法則と考えることができるのは、こうした存在者がその行動原理を、その実質ではなくたんなる形式によって、意志を規定する根拠を含む原理と考えることができるときだけである」(031)と表現される。

この証明は次のように行われる。実践的な原理としての行動原理は、形式と実質をもつ。この実質とは、その行動原理にしたがう人間の意志が望む対象のことである。この行動原理にしたがう人間は、この実質によって意志を規定されるか、規定されないかのどちらかである。意志の対象によって意志を規定される場合には、その対象がそなえている経験的な条件にしたがわねばならないのは当然である。

人間の幸福がその実質であれば、幸福になるための経験的な条件として、健康、富、長寿、智恵、友人など、さまざまな条件を満たす必要がある。そのうちの一つの健康が内容である場合には、健康になるためのさまざまな条件を満たす必要がある。どれも経験的なものであるが、すでに考察したように実践的な法則は、この経験的なものを含むことができない。だから実践的な原理の内容が意志を規定する場合には、それは実践的な法則ではありえない。

結局、実践的な原理の形式が意志を規定するときにかぎって、それは実践的な法則となることができる。それではどのようにすれば、実践的な原理は実践的な法則になることができるか。これは法則になるために必要な条件をみたすことによってである。法則に必要な条件は、すでに考察してきたように、アプリオリ性、必然性、普遍性であった。行動原理はどのようにすれば、これらの条件を満たすことができるようになるだろうか。それが次の問いである。

普遍的な立法

カントがそのために提示するのが、理性という上級の欲求能力が、「意志を十分に規定するたんなる形式的な法則」(027)に依拠していることである。これは理性がその意志の内容ではなく、形式だけに注目することで、意志を規定できるということである。

この形式だけに注目して意志を規定するということは、意志の内容に規定されずに、理性がみずからに法則を定めて、意志を規定するということである。カントはこのことを「理性が純粋な理性として実践的でありうること、そのことだけによって、理性は法則を定めるものでありうる」（028）と説明する。人はみずからの行動原理を、経験的な条件に規定されるのではなく普遍的な法則とすることで、それを実践的な法則とすることができるのである。

そのためにはその行動原理は、普遍的な法則でありうるものでなければならない。逆にいえば、普遍的な法則として妥当する行動原理だけが、実践的な法則として認められるということである。個々の行動原理が普遍的な法則として妥当するものかどうかを調べる方法を、カントはこの定理三の注解で説明している。

今ここで、ある人が他人から財産を預けられていて、その所有者はすでに死去しており、委託されたことを証明する文書もないとしよう。そのとき、その人が「自分の財産をあらゆる確実な手段によって増やすことを行動原理としたとしよう」（033）。そしてこの行動原理が普遍的な実践的な法則として妥当するかどうかを調べるとしよう。そのためには、その人は他者の立場にたって、すべての他者がこの行動原理を採用した場合にはどうなるかを考えてみなければならない。その場合にはすべての他者が、委託されたものをねこばばすることを想定しなければならなくなる。その想定のもとでは、委託をするという行為そのものが消滅してしまうだろう。

『道徳形而上学の基礎づけ』で示された実例をあげると、困ったときには守れない約束をしてもよいという行動原理は普遍的な法則になりうるだろうか。その場合には、誰もが相手の約束は守られないと想定することになり、約束そのものが信じられなくなり、約束する人はいなくなるだろう。「この行動原理は、それが普遍的な法則となったときには、みずからを破壊してしまわざるをえない」[42]のである。

どちらの実例も、この行動原理が「みずからを否定するもの」(同)、すなわち自己破壊的なものであり、普遍的な法則として成立しえないということを示している。この行動原理は、普遍的な法則を意志の規定根拠とする理性の原理ではありえないのである。

ところで実質的な内容であっても、普遍的な性格をもつものがある――幸福である。すべての人が自己の幸福を目指すからである。しかしこの内容は法則として普遍的なものとなることはできない。その人の幸福が他者の幸福と共存できないことがありうるからである。

フランスの王がミラノを手にいれることを望み、神聖ローマ皇帝も同じことを望むならば、両方がミラノを手にいれることはできないだろう。フランス王の幸福は神聖ローマ皇帝の不幸であろう。この幸福のもつ普遍性は、法則としての普遍性ではないのである。だから法則において普遍的になりうるものは、内容ではなく、形式だけである。

この注解でカントは行動原理が法則になりうるかどうかを判別する方法を示した。これは一つの手順であって、実践的な法則として表現されたものではない。それではこの形式は、どのように表現されるのだろうか。もちろんそれは定言命法で表現されねばならない。しかしこの問題を解決する前にカントは、このような法則を定める純粋実践理性の性格を確認し、その性格に基づいてすでに確認された結論を表現し直す。それが課題の一と二の役割である。人間の理性がそのような普遍的な法則を望むべき理由を明らかにしておかなければ、実践的な法則となりうる定言命法を明確に表現することができないのである。

自由な意志

純粋実践理性（カントはこれを意志と呼ぶ。実践理性は意志だからである）は、行動原理の実質、すなわち意志の対象ではなく、たんにみずからに法則を定める形式だけによって意志が十分に規定されるような理性である。それはどのような理性だろうか。それは自律的で自由な理性でなければならないと考える。そのことを説明するために、カントはここで、現象界と叡智界の区別を持ちだして、自由の概念を考察する。人間のあらゆる行為は、現象界に属する人間としての行為と、叡智界に属する人間としての行為という二つのアスペクトで考えることができる。現象界に属するものとしての人間の行為は、自然の必然的な法則にしたがわねばならない。そしてさまざまな欲望に基づいた行為もまた、現象界における行為とみなさねばならない。欲望は富や健康や権力のように、現象界のものごとを欲するからである。

しかし人間は同時に叡智界に属するものとみなすことができる。『純粋理性批判』では、人間を叡智的な性格においてみるかぎり「この行為する存在者は、その行為に関してはいかなる自然の必然性からも独立しており、自由である」[43]ことが確認されていた。この自由は超越論的な自由と呼ばれた。これは現象界の必然性の法則にしたがわず、何か新しい行為を起こすことのできる自由である。

本書のこの第五節の課題一においても、『純粋理性批判』のこの論点が提起される。このような法則を定めることができる理性が意志を規定する根拠は、「原因性の法則にしたがう自然の出来事のあらゆる規定根拠とは異なる」(036)ものである。これは自由な意志、「超越論的な意味での自由」(同)な意志である。自然の必然性を超える自由な意志である。人間が自分の心の傾きにしたがうことは、現象の世界のさまざまな事物に規定されているということであり、そこに自由は存在しないとカントは考える。心の傾きから独立して、普遍的な法則を立てる意志だけが自由なのである。この意志は、この実践理性は、叡智界に属する人間の叡智的な性格をおびているのである。

自由と道徳の関係

そしてここで、カントが序で提起した有名な定式「自由はたしかに道徳的な法則の存在根拠《ラティオ・エセンディ》であるが、道徳的な法則は自由の認識根拠《ラティオ・コグノスケンディ》なのである」(004n)が実例に基づいて説明される。人間は自分は自由な選択意志をもっていると考えている。しかしそれもたんに見掛けだけで、自分の欲望に、心の傾きに、習慣に強制されているだけで、ある必然的なものに動かされているだけかもしれない。スピノザが語るように、[44]人間はいわば神に投げられた石であって、自然法則にしたがって必然的に運動しているだけなのに、自分は自由であると考えているのかもしれないのだ。

だから人間がほんとうに自由な選択意志をもっているかどうかを判断するには、そうした欲望や心の傾きや習慣を否定しても、自由な選択を行えるかどうかを問う必要がある。そのためにカントが選んだのが、死刑の威嚇のもとに友人を罪に落とす偽証をするかどうかという問いである。「あなたの君主がある誠実な人物を、何かでっちあげの口実を使って死刑にしたいと考えているとしましょう。そしてあなたに、この誠実な人物を死刑にするような偽証を行うように求めていて、偽証しなければすぐに死刑にするぞと、あなたを脅したとしましょう。そのときあなたは、自分の命への愛がどれほど強くても、その愛を克服することが「すなわち偽証を拒むことが」できると思いますか」(039)と問い掛けたとしよう。

すると、問われた人は、道徳的な定言命法にしたがって、偽証を拒む自由が自分にあることをみずから確認し、他者にも示すことができるだろう。もちろん偽証する人もいるだろう。すべての人が自分の命を捨ててでも、友人を救うとはかぎらないし、カントもそのようなことを求めているのではない。ただ、自分がそのような偽証を、命をかけてでも拒むことができることを、誰もが頭の中で考えられるということが重要なのである。そのことを「〈なすべき〉であると意識するがゆえに、そのことを〈なしうる〉と判断する」(039)ことができることが重要なのである。

この自由な意志による選択は、誰にとってももっとも大切なものである自己愛を否定し、自分の命を否定することを選択するものである。これは恣意的な選択の自由ではない。命を捨てる選択の自由なのである。

第五節　定言命法と自由

自由における定言命法の意味

カントは、誰もがこのように、自分の命を捨てても道徳的な定言命法にしたがう自由があることを認めるだろうと考えるのであり、これによって自由の理念が現実のものであることが確証されたと考える。それを確証したのは、「なすべき」という定言命法にしたがうことが「できる」という確信である。カントは、「そのときその人は、道徳的な法則が存在しなければ知られないままだったはずの自由が、自分のうちにあることを認識する」（同）と語っている。道徳的な定言命法にしたがうことで、人間は自分の意志が自由であることを認識するのである。これが「道徳的な法則は自由の認識根拠《ラティオ・コグノスケンディ》なのである」（004n）ということである。

反対に、人間が自由であるのでなければ、人間はみずからの自由な意志によって、道徳的な法則にしたがうことはできない。神の道具であれ、欲望の道具であれ、自分の意志よりもほかのものに服従している者は、自由であるとは言えない。だから道徳が可能であるためには、人間は自由でなければならない。これが「自由はたしかに道徳的な法則の存在根拠《ラティオ・エセンディ》である」（同）ということである。

それでは意志がそのような意味で自由であるときに、そのような意志を必然的に規定するために役立つ法則はどのようなものだろうか。これが第六節の課題二の問いである。この意志は、その叡智的な性格のために、現象界の経験的な条件からは独立していなければならない。ところでこの意志は、みずから定めた行動原理によって規定されており、この行動原理が法則として妥当する必要がある。行動原理には内容と形式がある。この意志は内容によって規定されることはできず、形式だけによって規定されるべきである。この形式は、普遍的な法則であれという「法則を定める形式」(038)である。自由な意志は、その行動原理が普遍的な法則という形式をとることを望む意志でなければならない。それでは普遍的な法則という形式を望む意志の実践的な法則となる普遍的な行動原理は、どのように表現することができるだろうか。それを明らかにするのが道徳的な定言命法の表現を明らかにする第七節「純粋実践理性の根本法則」である。

「理性の事実」

カントは、『道徳形而上学の基礎づけ』で、道徳的な認識の原理を羅針盤《コンパス》にたとえていた。これはあらゆる人間の理性のうちにそなわっているものであって、それを「普遍的な形式において抽象的に考えているわけではないが、それでもつねに実際に念頭において、［道徳的な］判断を下すための基準として利用している」[45]ものだと考えている。

そして人間は「この原理をいわば〈羅針盤《コンパス》〉のように使いながら、どんな事態が起きても、何が善であり、何が悪であるか、何が義務に適った行為であり、何が義務に反する行為であるかを区別することに熟達している」[46]のである。カントが序文で、道徳性の新しい原理を提起することなどを、この書物では意図していないというのは、その意味だった。何が善であり、何が悪であるかは、人間であれば誰でも熟知していて、「何をなすべきかを知るには、学問も哲学も不要」[47]だというのが、カントの信念である。

これをカントは「理性の事実」（041）と呼ぶ。カントはそれが事実であることを確認するには、人間がある行動をした際に、それが道徳的な法則に適ったものかどうかを判断するそのメカニズムに注目せよと訴える。ぼくたちが心の中で自分の行為の道徳性または不道徳性を確かめようとするとき、良心の仮借のない声が聞こえるだろう。たしかに「人間の心の傾きが間に入って」（043）、いろいろと弁護をするかもしれない。しかし委託されたものを横領するならば、それが正しい道徳的な行為でないことは、すでに理性が事実として承知していることはすぐに分かるはずだとカントは指摘するのである。そして人間の理性は心の傾きの声に「惑わされることなく、みずからを強制し、行動する際にはつねに意志の行動原理が正しいものかどうかを、純粋意志に照らして、すなわちみずからに照らして判断する」（同）のである。

カントにとって、この事実は証明することができないものである。人間のうちで理性が良心の声に耳を傾けることを証明せよと言われても、証明しようがないし、そもそも証明する必要のないことだと考えるからである。それは「自由の意識など、それに先立って理性に与えられたものから無理やりに作りだす」（041）ことができるようなものではないのと同じである。

道徳の定言命法の特徴

それでは、誰もが羅針盤のようにもっているこの原理の意識を定式化すると、どうなるだろうか。それが「君の意志の採用する行動原理が、つねに同時に普遍的な法則を定める原理としても妥当しうるように行動せよ」（040）という道徳性の根本法則を示す定言命法である。

この定式化は、かなり唐突に示される。しかしこの定式化の特徴は、すでに定言命法について考察してきたところで、提示されている。第一にこの定式は、仮言的な命法ではなく、定言命法である。それは「つねに〜せよ」ということからも明らかである。ある目的を実行するために求められる仮言命法ではなく、つねにこの原理に基づいて行動することが求められているのである。第二にこの定式は必然性を含む。「つねに」そのようにしなければならないからである。

第三にこの定式はアプリオリなものであり、いかなる経験にも左右されていない。いかなる経験的な条件も無視して、この原理に基づくべきなのである。第四にこの定式は普遍的なものである。それはまず、自分の行動原理を「普遍的な法則を定める原理」として妥当するものとすることが求められているからである。さらにこの命令はすべての理性的な存在者に妥当するものとして命じられているからである。すべての人がこの命令にしたがうべきなのである。

第五にこの命法は、行為の内容ではなく、その形式だけに注目している。行う行為がどのような内容のものであり、どのような結果をもたらすかはまったく無視して、その行為を支える行動原理が普遍的な法則となりうるものかどうかという形式だけを問題にしているからである。このようにこの定式は、実践的な法則に必要なすべての条件を含み、かつ定言命法であり、かつ内容ではなく形式だけに注目するものである。

道徳法則としての定言命法の意味

　カントは『道徳形而上学の基礎づけ』で、すでにこの命法を提示していた。その際には、わずかに表現を変えて、「君は、君の行動原理が同時に普遍的な法則となることを欲することができるような行動原理だけにしたがって行為せよ」[48]とされていた。本書では「欲することができるような」という表現が省略されているが、ほぼ同じものである（ただし「欲することができるような」という表現が、行為の道徳性を判断する第二の重要な基準となることについては、同書の解説の三三三ページ以下を参照されたい。本書ではこの判断基準は検討する必要がないと考えられているのである）。

　カントは意志の内容を考慮にいれた命法はすべて仮言命法となることを指摘する。「その条件が示されるまでは、この命法が何を命じるかをあらかじめ知ることはできない」[49]ような命法なのである。そして意志の内容を無視して、形式だけによって語ることができるのは定言命法だけであり、その命法においては、意志を規定する根拠となる行動原理が普遍的なものであることだけを命じることを指摘していた。「定言命法が必然的なものとしてほんらい提示するものは、この［法則の普遍性への］適合性だけなのである」[50]。

道徳的な法則はこのようにして、意志を規定する根拠である行動原理が、普遍的なものであることとして表現されたのである。これは自分の行動を律している行動原理が、すべての人に妥当するものであってもよいかということを絶えず吟味せよという命令である。これはすべての人が羅針盤として所有している道徳的な良心の声を抽象的に表明したものなのである。

根拠づけが不要な理由

カントはこのような羅針盤が人々のうちに存在していることに改めて注目する。これが意味することは、「ある可能な普遍的な法則を定めることについてのアプリオリな思想が、たんに不確定な思想であるにもかかわらず、経験からも、なんらかの外的な意志からも、何も借りることなく、法則として無条件に命じられている」（041）ということであり、「きわめて異例な事態」（同）と言わざるをえないのである。

ほんらいであれば、このようなアプリオリな総合命題が可能であることは、「根拠づけ」［＝演繹］が必要である。『純粋理性批判』では、アプリオリな総合命題を成立させるカテゴリーについて、「根拠づけ」が行われた。しかしカントは実践理性批判の命じるこのアプリオリな総合命題については、「根拠づけ」は「理性の事実」によって、すでに先取りして行われていると考えている。第八節の第一項「純粋実践理性の原則の根拠づけについて」では改めてこの根拠づけが考察されるが、この理性の事実が提示されたことで、その仕事は半ば終わっているのである。

すでに確認したように、カントはこの理性の事実は「自由の意識など、それに先立って理性に与えられたものから無理やりに作りだす」(041)ことのできるようなものではないことを指摘していた。もしも人間が完全に叡智的な主体であり、意志が自由であり、知的直観によって物事を認識することができるのだとすれば、その主体は完全に理性的かつ道徳的に行為するだろう。その意志は「神聖な意志」(043)になり、その意志の行動原理はつねに普遍的な法則に適ったものであるだろう。そのときには、「これは分析的な命題になることだろう」(041)。

しかし人間はそのような存在ではない。人間に自由の意識を与えておいて、そこからこの命題を導くことはできない。そうではなく、この理性の事実のもとで、人間はみずからの行動原理が普遍的なものであることを望み、みずからにそう命じるのである。それが道徳性ということだからだ。「純粋理性はこの事実によって、みずからを根源的に法則を定めるものであると告知するのである」（同）。

人間は完全に叡智的な主体ではなく、現象界に生き、普遍的でない行動原理に動かされる存在である。そのために、人間には責務と義務が発生する。人間は「主観的な原因から生まれた願望をもつことがあり、純粋に客観的な［意識の］規定根拠に逆らうことがありうるので、道徳的な強制として、実践理性が［こうした願望に］抵抗することが必要だからである」（043）。

そして人間は義務にしたがう存在者として、この純粋で聖なる道徳法則を掲げながら、「［この道徳法則にふさわしいものとなるように］無限に進歩させること」（同）を目的とするのである。これが無限の営みであるのは、人間においては「徳の高さ」（同）が完全なものとなることがないからである。

自由と自律

この定言命法が定められた後に、カントはこの「聖なる道徳法則」をみずからに掲げる人間の理性と意志の性格を規定することを目指す。すでに考察されてきたように、意志がある内容を目的とする場合には、その内容を実現するための条件にしたがわねばならなくなる。そのときには、意志はその条件に服するのであるから、「選択意志の他律」(044)が生まれることになる。その場合、その選択意志は「何らかの衝動や心の傾きにしたがって、自然法則に従属する」(同)ことになるだろう。この場合には、意志は「みずからに法則を与える」(同)ことはなく、この行動原理は「決してみずからのうちに普遍的な法則を定める形式を含むことができない」(同)だろう。この行動原理がもたらす行動が、道徳的な法則に適ったものであったとしても、その行動原理は「道徳的な心構えにふさわしくない」(同)ものとなるだろう。

だから実践的な法則は、行為の内容を実現することを目指す準則であってはならないのである。こうした準則は経験的なものであり、普遍的で必然的なものではありえず、「普遍的な法則を定める形式によって示されることができない」(045)からである。

だから道徳的な法則を定める意志は、この他律の反対の意志であり、自律した意志である。「意志の自律は、すべての道徳法則の唯一の原理であり、道徳法則に適合した義務の唯一の原理でもある」(044)のである。この自律した意志が定める法則が、「すべての実質から、つまり欲求の対象である客体から独立していること」(同)が、消極的な意味での自由であり、自律した意志が実質から独立してみずから法則を定めることが、「積極的な意味での自由」（同）なのである。意志はこのような法則をみずから定めるという行為において、自由であることを証明するのである。

第六節　幸福の原理の批判

他人の幸福の原理

たしかに、「他人の幸福」（045）のように、自愛の原理と異なる内容を目的とするならば、形式ではなく内容を原理としていても、道徳的な原則に適うようにみえる。しかし人間に根本的にそなわる自愛の原理を否定するこのような原理を実質として採用し、それが普遍的な法則となりうるためには、すべての人に、他人が幸福になることに「自然な満足」（同）を感じることを求める必要があり、すべての人が他人の幸福を願う「同情心」（同）をそなえている必要がある。しかしこれは無理なことであり、これが普遍的な法則となることは望みえない。

ただし、この目的を「他人の幸福を増進せよ」（同）という法則として定めたとしよう。そしてこの法則の内容を自己の幸福という原理と結びつけたとしよう。そしてその人は、自分は他人が幸福でなければ幸福になることができないと信じているとしよう。そしてこの法則の実質ではなく、形式だけから自己の行為を判断するならば、その場合には、そしてその場合にかぎって、それは実践的な法則として妥当するだろう。これは普遍的な法則であり、自己の幸福という内容の実現を目指していないからである。

これが普遍的な法則であるのは、これに「たんなる法則としての形式がそなわっていたために、わたしは自分の心の傾きに基づく行動原理を制限し、それに法則としての普遍性を与えることで、純粋実践理性にふさわしいものとした」(045)からである。この普遍的な法則を守る意志は、これによってその内容から規定された他律的な意志であることを免れるのである。

自己の幸福

カントはさらに多くの道徳哲学では、このような他人の幸福という見掛けすらとらずに、自己の幸福を道徳の原理にしていることに嫌悪の念を隠さず、これを正面から批判する。カントはこの原理を批判するために、まず読者も共感できるような実例を示し、次に道徳的な法則の違反が「罰」をもたらすものであることを指摘する。そして最後にこうした自己の幸福を原理とするさまざまな道徳哲学を、それぞれの原理ごとに分類して批判するという道筋をとる。

第一にカントは、読者にすぐに理解できるような二つの実例を示す。ある友人が、自己の幸福を追求することを「神聖な義務」（047）と信じて、偽証を行い、この偽証をその義務によって正当化しようとするならば、どう思うだろうか。君の友人が、自分の利益だけを追求する人物を、君の家の管理人として推薦したならば、どう思うだろうか。

カントはこの二つの実例をあげるだけで、自己の幸福の原理が「道徳性の原理の正反対の原理」（046）であることは明らかであると指摘する。カントはこれについては、読者の直観を信じるのである。そのような実例を聞いたならば、偽証した「その友人を面と向かって嘲笑するか、嫌悪のあまり、あとずさりするのではないだろうか」（047）、あるいは管理人を推薦した友人が「君たちをからかっているに違いないと考えるか、正気を失ってしまったに違いないと考えることだろう」（同）。というのも、「道徳性と自愛を隔てる境界は、きわめて明瞭に、きわめて厳格に引かれている。ごくふつうの人の目でも、あるものがどちらの領域に属するかを見誤ることはありえない」（047）からであり、さらにこの違いについては、「理性の〈声〉がきわめて明瞭で、かきけされてしまうことができず、ごくふつうの人々も聞き逃すことのな」（046）いものだからである。

またカントは読者がごまかしをせずにゲームに負けた場合と、いかさまをしてゲームで勝った場合の気持ちの違いを考えてみるように促す。ごまかしをせずにゲームに負けたときには、こんな勝負を最初からしなければよかったと思うかもしれないし、「自分の間抜けさについて腹を立てる」（052）かもしれない。勝負での負けは、その本人に何らかの害をもたらすのはたしかだからである。反対にいかさまをしてゲームに勝った場合には、その本人には利益となることが多いだろう。しかし自分の行為を道徳の法則で裁いた場合には、「ただちに自分を軽蔑するに違いない」（同）。

これらの実例は、道徳の原理と幸福の原理が対照的なまでに異なるものであることを明確に示している。実例によって直観的に理解できるこのような違いについて、カントは道徳の原理と幸福の原理の違いを五つの点に分けて説明する。

道徳の原理と幸福の原理の違い

第一は幸福の原理における客観性と普遍性の欠如である。すでに確認されたように幸福の原理には大きな問題がある。というのは、幸福であるかどうかという認識は、「まったく経験的な所与に基づくものであるから、そして自分が幸福であるかどうかという各人の判断は、それぞれの人の意見によって著しく異なるものであり、同じ人の意見すら非常に変わりやすいもの」（048）だからである。そのためこうした認識は、「一般的な規則を与えることはできても、普遍的な規則を与えることは決してできない」（同）。だからこの原理は、「すべての理性的な存在者に同一の実践的な規則を指定するものではない」（同）ので、「客観的で必然的なもの」（同）であるべき道徳的な法則になることはできないのである。

第二は、二つの原理の提示する行動の質の違いである。自愛の原理は、その人に抜け目なく行動することを教えるのであり、そのために「たんに勧告する」（049）だけである。それにたいして道徳性の原理は「命令する」（同）のであり、この命令には義務が伴うのである。

第三は、二つの原理が求める知性の水準と質の違いである。自愛の原理は、抜け目なく行動することを教えるものであるために、何をなすべきかを洞察するのは困難であり、「世間知を必要とする」（050）。またこうした規則は、「さまざまな例外を巧みに認めながら、この利益に適った実践的な規則を、その人の人生の目的に、なんとか適合させる必要がある」（同）ものであるから、「見通すことのできない暗闇に包まれたようなもの」（同）である。知性に求められるものは大きいが、その質はきわめて低いのである。

これにたいして道徳性の原理は、「すべての人に適用され、しかもきわめて厳格に遵守されることを命じる」（同）ものであるために、「何をなすべきかは、ふつうの知性をそなえた人であれば、ごくたやすく、熟慮せずに洞察できる」（同）ものである。必要とされる知性はごくふつうの人にもあるあたりまえの知性で十分である。しかしその質はきわめて高いものであり、すべての事例できわめて明確な判断を下すことができるのである。

第四は、原理の命じる行為の遂行のたやすさである。幸福の原理は、ただ勧告するだけであり、その勧告を遂行するためには、高度の世間知が必要であった。そのために、「経験的に条件づけられた幸福の準則にしたがうことは、誰にとってもごく稀にしか可能ではない」（051）。もしもそうした世間知がそなわっていて、その望ましい対象を実現しようとしても、その「ための力や身体的な能力がそなわっているかどうか」（同）は疑問である。その人が「自分の望むすべてのことを実行できるわけではない」（同）のである。

これにたいして「道徳性の定言的な命令には、誰でも、いつでも十全にしたがうことができる」（同）のである。義務として求められたことと、自分の心の傾きが衝突した場合には、すべての人が義務にしたがうとは限らないが、それでも義務にしたがうべきであることは明確に感じるのであり、義務にしたがう行為は簡略なものである。これについては「人は、自分の望むすべてのことを実行できる」（同）のである。

第五は、行為の結果にかんするものである。幸福の原理の命令は、ある意味では「愚かしい」（同）ものである。「すべての人は自分の幸福を望まざるをえないのであり、それを望むように命じても意味はない」（同）からである。それだけにこの命令にしたがわなくても、重大な問題は発生しない。暗闇に包まれているような状態で、その命令にしたがったところで、確実な利益が生まれる保証はないのである。

しかし道徳の原理の命令は、人にたいして「義務」という性格をおびているために、それに違反した場合には、重大な問題が発生する。それは「罰に値する」(053)ものとなるとカントは考える。この「罰そのものの概念は、幸福を享受することとはまったく結びつかない概念」(同)なのであり、この二つの原理のきわめて重要な違いを示すものとなる。

この罰は、まず心理的なものであり、また社会的なものであろう。すでに述べられたように、ゲームにいかさまで勝った人は、みずからを「軽蔑する」(052)という心理的な罰をうけることが指摘されていた。「道徳的な法則に違反しているとみずからを非難できる場合には、厳しい叱責を感じる」(054)のである。

しかしカントはこうした良心の疚しさという心理的なものだけではなく、社会的な正義のもとでも、罰に値すると考える。道徳的な法則に違反した者に「罰が与えられるのは当然のことであり、自分の運命がみずからの行動にふさわしいものであることを、みずから認めなければならない」(053)とカントは手厳しい。この罰は、「たんなる災い」(同)として与えられるものであり、「罰に値する者には、そのふるまいから判断して、慈悲を期待すべき理由はまったくない」(同)と指摘する。

四つの異論への批判

カントはこの罰の性格については明確にしていないが、この道徳法則への違反と罰に関連して、いくつかの異論を提起しながら批判する。これらの異論の考察が、次の自己の幸福を原理とする伝統的な道徳哲学の体系的な批判につながるのである。

第一は、この罰においても、「自己の幸福」（052）の原理の帰結をみようとする異論である。すなわち罰を与えようとする人は、「慈悲深い意図をもっていて、この罰をこの「罰せられる者の幸福という」目的に役立てようとする」（053）のであり、それは結局は罰が与えられる人の幸福につながるという異論である。罰が与えられるのは、その者がその後、同じような違反を行うのを避けるようにするためであり、それはその人を幸福にするために役立つというのである。

しかしカントは、道徳法則について考察する場合には、罰を与えられた人が、その罰によってどのような影響をうけるかを問題にすべきではないと考える。その「慈悲深い意図」は、さらにその者を不道徳にするかもしれないのであり、「罰はもともと罰として、たんなる災いと認めざるをえない」（同）ものである。罰せられる者がその罰の「背後に潜んでいるかもしれない好意」（同）をみるかどうかは別として、自分が罰せられるに値する者であったことを認めるのが先決だと指摘する。

第二の異論は、罰を与えられるのは自業自得であるという考え方である。犯罪とは、「犯人がみずから罰を招いて、みずからの幸福を損なったこと」(053)であると考えるのである。これは道徳的な行為の目的が自己の幸福にあるという原理をそのまま維持しておいて、犯人が道徳的な原理に背いたから、自分の幸福が損ねられたのであり、道徳的な原理を遵守することが、自己の幸福という目的を損ねないために重要であると考えるのである。

カントはこの考え方によると、犯罪が露呈せず他者から知られなければ、罰せられることはなく、その者の幸福が妨げられることがないから、これは犯罪ではないということになってしまうことを指摘する。

この自愛の原理によると、幸福を損ねるのは罰であり、幸福を損ねないのが正義だということになるので、正義とは「すべての罰を廃止すること、自然的な罰すら廃止する」(同)ということになるだろう。罰がなくなると、「行為のうちにはもはや悪というものが存在しなくなる」(同)だろう。ある行為にたいして罰として災いがもたらされないならば、悪はもたらされないことになるからである。これは正義の名において道徳性を破壊することにほかならない。

第三の異論は、第一の理論をさらに発展させて、「慈悲深い意図」をもっているのが、人間ではなく神であると考えるものである。神が「最終的な意図」（同）をもって、道徳的な法則に違反した者に罰を与え、それによって「幸福の実現のために働かせる」（同）と考えるのである。カントはこの考え方では、理性的な存在者は神の道具ということになり、道徳的な法則への違反に与えられる罰は、「すべての自由を廃棄するメカニズム」（同）になってしまうことを指摘する。人間が神の道具であるという考え方は、ライプニッツ以来の重要な伝統であり、カントは『純粋理性批判』の第三の二律背反における自由の考察でも、この考え方を批判している。

第四の異論は、道徳性が理性ではなく、感覚能力にあるという道徳感情論である。この理論では、道徳的な感情を知覚するこの道徳的な器官が、「自分が有徳であると意識するとすぐさま満足と充足を覚え、悪徳であると意識すると心に不安と苦痛を感じる」（054）と主張するのである。すると徳が快感をもたらすのだから、有徳であることは幸福をもたらすことになり、「すべてが自分の幸福の実現を求める要求に基づくものとなってしまう」（同）だろう。

カントはこの理論について、悪徳であると意識するときに、その人の心に自動的に「不安と苦痛を感じる」と考えるのは、二つの点で間違っていると指摘する。第一に、そのように想定するということは、人間が生まれつき道徳的な生き物であり、罪を意識すると不安で苦しめられると想定することである。「そのように想定するには、その人の性格の基礎がきわめて優れていなければならないはずである」（054）が、そのような保証はない。反対に、人間は心の傾きによって、自分の欲望を満たすことを望む生き物であることを前提にしなければならないのである。

第二に、これは道徳性や義務の概念は、人間が自分の心で満足を感じた後で生まれると考えることである。人々は道徳的な行為をして、道徳感情の器官で満足を感じ、この満足をえたいがために、道徳的な行為をするようになるとされている。また悪徳な行為をすると、この器官が不安を感じるために、こうした行為をしなくなるとみなしているのである。

しかしカントは、人間にそのような道徳に好都合な器官はそなわっていないし、そもそも「道徳性や義務の概念は、こうした満足についてのあらゆる配慮に先立つものでなければならず、満足から導きだすことはできない」（同）ことを指摘する。その反対に、人間は道徳性の価値を高く評価しているからこそ、道徳的な行為をした場合に、「自分が道徳的な法則に適合していることを意識すると満足を感じる」（同）のである。カントによれば、満足を感じるから有徳になるのではなく、有徳であることは価値の高いものであることを直接に知っているからこそ、有徳であることに満足を感じるのである。

カントはこのように、有徳な行為をしたときに満足を感じるという道徳感情が存在することそのものを否定するのではない。「こうした感情を確立し、育てることは義務」（同）ですらある。しかし義務の概念をこの感情から導きだすのは、道徳法則をそのまま感じることのできる感覚器官のようなものがあると想定することであり、「理性だけが思考できるものを、感覚の対象と」（同）することである。その場合には、道徳性は理性の目標ではなくなり、「洗練された心の傾きが、ときに粗雑な心の傾きと競いあうたんなる機械的な戯れのようなもの」（同）になってしまうだろう。

第七節　既存の道徳理論の批判

既存の道徳哲学の分類表

この道徳感情論の批判につづけて、カントは「実質を伴う道徳性の原理」（055）を分類する。意志を規定する根拠を、まず主観的なものか客観的なものかで分類し、そのそれぞれについて外的な根拠と内的な根拠で分類したものが次の表である。

主観的な根拠	外的な根拠	教育（モンテーニュによる）
		社会的な制度（マンデヴィルによる）
	内的な根拠	自然な感情（エピクロスによる）
		道徳的な感情（ハチソンによる）
客観的な根拠	内的な根拠	完全性（ヴォルフとストア派による）

外的な根拠　神の意志（クルジウスや神学的な道徳学者による）（056）

主観的な根拠の批判

主観的な根拠は外的な根拠と内的な根拠に分けられる。まず外的な主観的な根拠としては、道徳教育の重要性を指摘した『エセー』のモンテーニュと、人間の自己愛を発揮させることが社会にとっては有益であり、それを社会的な制度で抑制することで国が栄えると主張した『蜂の寓話』のマンデヴィルがあげられる。

内的な主観的な根拠としては、自然な感情としての快感が善であり、「この快感という感情を基準としてすべての善を判断する」[51]ことを求めたエピクロスと、人間には道徳的な感情がそなわっていて、この感情に基づいて善悪を判断すると主張し、この道徳的な感情なしでは「なぜ私たちが名誉を喜び、あるいは恥の落ちつかなさを余儀なくされるのか、私には理解できない」[52]と主張したハチソンがあげられる。

本書ではこれらの主観的な根拠は「すべて経験的なものであり、道徳性の普遍的な原理として役立たないのは明らかである」（057）と片づけられているが、カントはかつては道徳感情説に近い主張をしていたこともあり、この批判について、『道徳形而上学の基礎づけ』から、もうすこし詳しく確認しておこう。

『道徳形而上学の基礎づけ』ではカントは、実質的な内容を原理とする道徳哲学を、主観的なものと客観的なものという区別ではなく、経験的なものと合理的なものに分類していた。経験的なものが、本書の主観的な根拠の内的な根拠に該当し、合理的なものが客観的なものに該当する。主観的な根拠の外的なものは省略されている。そしてこの経験的な根拠を支えるのが「幸福の原理[53]」であることを指摘する。エピクロスの自然的な感情とハチソンの道徳的な感情は、どちらも自然的な快感または道徳的な快感に依拠するからである。

カントはこの経験的な根拠が無効であることについて、まず全体的に「道徳的な法則の根拠が、人間の本性の特殊な仕組みに求められたり、こうした本性が置かれている偶然的な状況に求められたりしたのでは、［道徳的な法則に必要な条件、すなわち］すべての理性的な存在者にあまねく妥当するという普遍性［の条件］と、すべての理性的な存在者に無条件的に課せられるという実践的な必然性［という条件］が失われてしまう[54]」ことから、その失格を宣告する。

また、とくにエピクロスの自然な感情に基づく自己の「幸福の原理」について、次の二点から批判する。第一に、この「幸福の原理」には根本的な誤りがあることを指摘する。そもそも道徳的であれば幸福になれると考えるのは、人間の経験に反することである。「人間を安泰にすることと人間を善良にすることはまったく別の事柄[55]」なのである。カントはすでに指摘したように、有徳であることが快感をもたらすことを認めているし、それを育成する必要があるとまで語っている。しかしそれは偶然的で付随的なものにすぎず、幸福の原理は「道徳性を確立するために貢献できない[56]」のである。

第二にこの原理は、快楽を獲得して幸福になることを目指すものであるために、「有徳な行動に向かわせる動因と、悪徳に向かわせる動因を同じような種類のものとして扱い、巧みに計算することばかりを教えてこれらの動因の種的な違いをまったく消滅させてしまうので、道徳性の土台を掘り崩し、その崇高さを完全に破壊してしまう[57]」のである。幸福の原理については、カントは『実践理性批判』では批判を弱めるものの、『道徳形而上学の基礎づけ』ではことさら厳しいのである。

これにたいして、ハチソンの「道徳的な感情の理論」は、エピクロス的な自然な感情に基づく自己の幸福の原理よりも、「道徳性とその威信に近づいたもの[58]」であることを認める。しかしこの理論にも二つの欠陥がある。第一に、「普遍的な法則が問題となっているにもかかわらず、感情というものでごまかせる[59]」と考えるのは、浅薄な考え方である。第二に、感情というものは、法則の根拠とすることができない。それは人によってその感じ方が「無限に異なるものであって、善と悪を区別するための同じ尺度を示すことができない[60]」からである。そもそも他人の感情を正しく判断することなど、不可能なことなのである。

客観的な根拠の批判

次に客観的な根拠について『道徳形而上学の基礎づけ』では理性的な根拠として、本書と同じようにストア派の「賢者」という完全な人間の理想と、「神の意志」という道徳神学の理想を挙げている。本書では、人間の内的な完全性も神の意志という外的な完全性も、どちらも完全性が目的と定められているのであり、これが意志の「客体」となって経験的なものとなるということから批判されている。

しかし『道徳形而上学の基礎づけ』では、この二つの原理がもっと詳しく分析され、批判される。まず第一の完全性の原理の欠陥が列挙される。第一に、完全性という概念が無規定なものであることである。これは「きわめて空虚で無規定なもの[61]」であり、その領域は「広大で際限のない[62]」ものであり、「最大の総量[63]」を発見することはできないとされる。すなわち人間がどこまで進歩すれば完全なものとなったか、判断することができないのであり、これは原理たりえないということである。

第二の欠陥は、完全が好ましいから道徳性を高める必要があるのか、道徳性が好ましいからその完全性を求める必要があるのかが明確ではなく、つねに循環論に陥る傾向があり、「説明すべき道徳性を議論の前提とすることが避けられなくなる[64]」ことである。

次に神の意志の完全性の議論にも、同じような欠陥がある。第一に、人間は神の意志の完全さというものを直観することはできない。「道徳性という概念から、こうした神の意志の完全性の概念を導きだせるにすぎない[65]」のであり、人間の完全性と同じように、際限のない無規定的な概念にすぎない。第二に、道徳性の高さから神の意志の完全性を導き、神の意志の完全性から道徳性の高さを導くという循環論に陥ることになる。それだけではなく、第三の欠陥があるために、カントは神の意志の完全さよりも人間の完全さの原理のほうが望ましいと考える。この欠陥は、この循環論に陥らないようにするために、神の意志から道徳性を排除して考えようとすると、「名誉欲と支配欲という特性[66]」だけしか残らないことである。カントはおそらく旧約聖書の嫉妬深い神のイメージを念頭に置いて、「これは権力や復讐欲といった恐ろしい観念と結びついた特性であり、こうした特性を道徳《ジッテ》の体系の根拠[67]」とすることは不可能であると指摘している。

本書ではカントはこれらの批判をまとめて、この表はその概念的な分析に基づいて考えられるすべての実質的な原理を網羅したものであること、どの原理も実質的な内容を目的としているものであって、道徳的な法則の原理とはなりえないこと、そしてカントの示した形式的な原理だけが、「定言命法として、行為を義務たらしめる実践的な法則として役立つ唯一の可能な原理」（057）であることが強調されるのである。

第八節　純粋実践理性の原則の根拠づけ

二つの課題

第一章の最後に、二つの新たな課題が示される。第一の課題は、「理性の事実」によって基本的には不要のものとなった「純粋実践理性の原則の根拠づけについて」（段落058〜073）の考察であり、第二の課題は、実践理性の権能についての考察「純粋理性は、実践的な使用においては、思弁的な使用だけでは不可能な拡張を行えることについて」（段落074－083）である。

この「根拠づけ」［＝演繹］という概念は、『純粋理性批判』で説明されたように、法学用語である。ある訴訟については、その事実がどのようなものであるかという事実問題と、その訴訟が合法的に認められるかどうかという権利問題を分けて考える必要がある。訴訟は事実に基づいて行われるが、その訴訟がどのような権限と根拠で行われるかは、別に問われる必要がある。その「権限の証明や権利要求の証明を根拠づけ［＝演繹］と呼ぶ[68]」のである。

根拠づけの必要性と『道徳形而上学の基礎づけ』での結論

『純粋理性批判』の対象となる認識する理性の場合には、アプリオリな総合命題が可能であること、すなわちカテゴリーが認識する対象に適用されることがどのような客観的な実在性をそなえているかを明らかにするために、「根拠づけ」が必要であった。

それでないとすべての人間の認識の客観性と真実性が保証できないとカントは考えたからである。

自然の認識において、「純粋知性概念が対象を規定するのは、直観と感性の述語によってではなく、純粋でアプリオリな思考の述語によってだからである」[69]ために、これには超越論的な根拠づけが必要とされたのだった。

これにたいして、『道徳の形而上学の基礎づけ』では、道徳的な定言命法についても、「根拠づけ」が必要であることが指摘された。「なすべし」という定言命法は、一つの「アプリオリな総合命題」[70]であるから、「定言命法はどのようにして可能になるか」[71]という根拠づけが必要であると考えたのである。

ただし『道徳形而上学の基礎づけ』では、この根拠づけの役割は、自由の理念に委ねられた。人間が自由であり、みずから道徳的な法則を定め、それにしたがうことを義務として選択するのであれば、この「なすべし」という定言命法の根拠づけは行われるのである。しかしカントは、そこに「循環論法」[72]が発生する可能性を認める。「わたしたちは自分が道徳的《ジットリヒ》な法則の支配する目的の秩序のうちに存在していると考えようとして、作用原因の秩序のもとでは自分は自由であると想定している。ところがわたしたちは、自分の意志が自由であると考えた後で、みずから道徳的な法則に服従しているとみなすのである」[73]からである。

この循環論法の問題は序の部分ですでに簡単に考察したが、カントはこの循環論法から抜けだすために、人間は自由な叡智界の主体であると同時に、必然性の支配する感性界の行為者でもあるという二つのアスペクトを持ち込んだのである。しかしこれは人間が自由であることが確立された場合だけに主張できることにすぎない。そしてカントは「理性が自由はどのようにして可能となるか」[74]を説明しようとするのは理性の越権であると主張する。すなわち二つのアスペクトを持ち込んで、人間が叡智界において自由であると想定すれば、定言命法という道徳的な原則の根拠づけは可能であるが、それを実行するのは越権だということになる。カントはこの『道徳形而上学の基礎づけ』では「意志の自由を説明することは主観的には不可能」[75]であり、「純粋理性がどのようにして実践的でありうるのか」[76]という問いを解明することは、「人間のすべての理性にとって、どんなに苦労や努力を重ねても、どうしても解明できない」[77]ことであると結論したのである。

ということは、『道徳形而上学の基礎づけ』では、定言命法という道徳的な法則の根拠づけは、結局のところは失敗に終わったということである。カントはそれは「道徳的《モラーリッシュ》な研究の究極的な限界[78]」であるが、この「限界を決定するのは、きわめて重要なことである[79]」という言葉で逃げたのである。

『実践理性批判』での解決

しかし『実践理性批判』ではこの循環論法の輪は、一刀のもとに切断された。この刀こそが、「理性の事実」(041)という概念である。カントの論理の進め方は次のようになる。まず、実例によって、自分の命を捨ててでも道徳的な定言命法にしたがうことができること、すなわち人間が自由であることが確認された。道徳的な法則が人間に意志の自由を認識させたのである。これは「純粋理性はそれだけで、すべての経験的なものから独立して、意志を規定することができる」(058)ということ、すなわち純粋な理性は自律した自由な理性であるということである。この「自律によって理性は意志を行為へと規定する」(同)のである。

この事実は、人間が他者から教えられなくても道徳的な法則を意識していて、自由に行動できるという「理性の事実」として確定された。この自由は、『純粋理性批判』では実践的な自由と呼ばれていたものである。

すでに第一の定理のところで提起されたように、人間には自由な選択意志というものがある。すべての動物には選択意志がある。その選択意志が「感受的《パトローギッシュ》に触発される場合には[80]」、すなわち感性が動因である場合には、それは動物的な選択意志と呼ばれる。これは「感受的に強制される[81]」意志、すなわち必然的なものとして規定されている意志である。しかし人間の選択意志は、感性的なものではなく、「その行為を必然的なものとされていない[82]」ために、自由な選択意志と呼ばれる。人間はこの意志によって、「感性的な衝動による強制から独立して、みずからを規定することができる[83]」のである。これが実践的な自由であり、自分の欲望の強制から独立して道徳的に行為する能力は、この自由に依拠しているのである。

ただし『純粋理性批判』ではこの「自由の実践的な概念は、この自由という超越論的な理念に依拠している[84]」とされていた。この超越論的な自由とは「みずからの力で新しい状態を引き起こすことのできる能力[85]」であり、「自然法則にしたがって、時間においてそれを規定するような別の原因に服するものではない[86]」のであった。ただしこの書物ではカントはこの超越論的な自由の存在を証明することができず、その可能性を示すことしかできなかった。「思弁的な理性は、［自由という］原因性をたんに消極的にしか思考することができず、その可能性を把握できないにもかかわらず、想定せざるをえなかった」（072）のである。

そしてこの書物では、実践的な自由はこの超越論的な自由の理念に依拠すると考えているために、実践的な自由を証明することもできなかった。ただ「超越論的な自由についての問いは、たんに思索における知だけにかかわるものであるから、実践的な事柄を考察する際には、まったく無視することができる」[87]として、これを分断するしかなかったのである。そして分断した後に、「実践的な自由というものは、わたしたちが経験によって認識する」[88]と自明のこととするしかなかったのである。カントは『純粋理性批判』では、自由を証明することも、自由で道徳的な原則を根拠づけることも放棄していたのである。

ところが本書では、まず道徳法則によって実践的な自由の存在が証明され、道徳的な意識が「理性の事実」として証明されることによって、次に超越論的な自由が証明されることになる。理性の実践的な「能力とともに、超越論的な自由もまた確立される」（002）のである。本書では『純粋理性批判』とは反対に、超越論的な自由が実践的な自由に依拠しているのである。このようにして初めて、「道徳法則に拘束されることを認識している［人間という］存在者において、自由がたんに可能であるだけではなく、現実的なものであること」(071)が証明されるのである。「こうして自由の概念はここに疑う余地のない客観的な実在性を獲得した」(073)のだった。

このようにして超越論的な自由が確立されると、実践的な自由をそなえた人間が、感性界に属すると同時に、叡智界にも属する存在であるという二重の性格が、証明されることになる。『純粋理性批判』では、仮説として提示されただけのものだったものが、実践的な自由の証明によって、たんなる仮説にすぎないものではないことが証明されたのである。カントはそのことを、「理性的な存在者の意志は、みずから感性界に属するものとして、他の作用因とおなじように必然的に原因性の法則にしたがうものであることを認識しているが、［この自由な意識をもつことで、］理性的な存在者の意志は、実践的な営みにおいては、すなわち同時に他方で存在者そのものとしては、事物の叡智的な秩序において規定されうる現実存在であることも意識するようになる」(058)と表現している。

『純粋理性批判』と『実践理性批判』の重要な違い

カントはこの「根拠づけ」のところで、この二つの批判の違いをまとめている。第一の違いはすでに述べたような自由の考察の違いであった。『実践理性批判』は自由の客観的な実在性を証明するという、『純粋理性批判』には実行できなかったことを遂行したのである。

第二の違いは、『純粋理性批判』では仮説にすぎなかった叡智界と感性界という二つのアスペクトの違いを、『実践理性批判』では根拠づけたこと、そして叡智的に行動する主体としての人間の叡智的な性格を確立したことにある。そもそも『純粋理性批判』では、「経験のさまざまな対象を超えるところでは、すなわち叡智的な存在《ヌーメノン》としての事物［自体］については、思弁的な理性はいかなる積極的な認識も行うことができないと考えられ」（059）ていた。

しかし道徳的な法則が示したのは、人間は実践的な自由を行使する主体であること、「理性の事実」によって、「純粋な知性界［すなわち叡智的な世界］の存在」（060）が示されたということである。これは「わたしたちの理論的な理性をいかなる領域で利用することによっても、まったく解明することのできない事実」（同）だった。この自律の法則である道徳法則は、「超感性的な自然の根本的な法則であり、純粋な知性界の根本的な法則」（061）なのである。

ただしこの法則は人間が叡智界に属する存在であることを示しただけであり、「経験的に条件づけられた法則」（同）のもとにある自然の感性的な世界において、理性が他律の法則にしたがうことを否定するものではない。人間は自然の世界では自然の法則に服するのである。この二つのアスペクトからみた自然のうち、「理性のうちだけで認識する純粋な知性界」（同）としての自然を「原型的な自然《ナトゥラ・アルケテュパ》」（同）と呼び、「感性界のうちの模像を模型的な自然《ナトゥラ・エクテュパ》」（同）と呼ぶ。

『純粋理性批判』では、この叡智的な世界の存在と、この世界にかかわる意志の自由、霊魂の不滅、神の現実存在という三つの理念は、「つねに超越的なものであり、これらの命題を内在的に使用することはできない[89]」とされていた。ところが本書では、この道徳法則によって考えられる叡智界としての原型的な自然に、客観的な実在性が与えられるのである。カントは「少なくとも実践的な観点から、こうした自然に客観的な実在性を与えるのである」（063）ことを指摘する。この道徳的な法則を定め、それによって意志を規定する理性は、思弁的な理性ではなく、実践的な理性であり、しかもアプリオリにみずからに法則を定めるものとして、純粋な実践理性である。この「理性の能力を純粋実践理性と呼ぶことができる」（064）のであり、このようにして純粋実践理性の可能性が確保されたのである。

第三の違いは、二つの批判における「根拠づけ」の性格の違いである。『純粋理性批判』で検証されたのは、経験的な直観によらずには、客体を総合的に認識することができないのに、「こうした直観がどのようにしてアプリオリに可能であるか」（066）という認識におけるアプリオリな総合命題の可能性だった。

『実践理性批判』で検証されたのは、「理性がどのようにして意志の行動原理を規定することができるか」（067）ということだった。すなわち「理性は経験的な像や観念［＝表象］を規定根拠として媒介させることで、初めて意志の行動原理を規定できるのだろうか、それとも純粋な理性がまた実践的な理性として、可能ではあるが経験によって認識することのまったくできない自然秩序の法則なのだろうか」（同）ということである。

そしてすでに確認されたように、理性は純粋な実践理性として、こうした「原型的な自然」の法則を認識することができるのであり、この純粋実践理性の可能性の確立によって、根拠づけが完了する。根拠づけはこの道筋でたどるかぎり、完了したとも、無用なものとして片づけられたとも考えることができる。

この根拠づけの性格の違いのために、根拠づけの方法そのものが変わってくることになる。『純粋理性批判』での理論的な知性の原則の根拠づけは、物自体そのものの認識ではなく、人間が感覚能力を触発されて作りだした現象にかかわるものだった。だから人間の知性が物自体を正しく認識していることを、根拠づけによって示す必要はなく、反対に現象は純粋な理論的な知性の原則にしたがって「カテゴリーに含められなければならないこと、そしてすべての可能な経験はこれらの法則に適合しなければならないこと」(069)を示せばよかったのである。

しかし道徳法則の場合には状況が異なる。この法則がかかわるのは、「どこか別の場所から理性に与えられる対象の性質についての認識」(同)ではなく、「みずからが対象の現存の根拠となることのできるような認識」(同)だからである。そして人間は現象としてではなく、物自体として道徳的な行為を遂行する。そして道徳法則はこの自由な物自体としての人間が、みずから原因となって、「意志を直接に規定する能力」(同)である純粋な理性によって定めたものである。

そのために、カントはこのような理性が定めた「道徳法則の客観的な実在性は、どのような〈根拠づけ〉によっても証明できない」(070)と断言する。このような道徳法則は、「いかなる経験によっても確証できないし、アポステリオリには証明できない」(同)ものではあっても、「純粋な〈理性の事実〉」(同)として与えられているのである。だからこの法則を根拠づけるのは「空しい営み」(071)とならざるをえないのである。

これがこの根拠づけの項の結論である。最後にカントは、この道徳法則に根拠づけを行うことはできないとしても、理論的な理性では、どうしてもその可能性を証明することも、根拠づけることもできなかった自由の概念の「〈根拠づけ〉の原理として役立つ」(同)と主張する。すでに確認してきたように、道徳的な法則は、人間が自由でありうることを認識させる根拠となるのである。人間はこの「道徳法則に拘束されることを認識している」(同)ことによって、「自由がたんに可能であるだけではなく、現実的なものであることを証明する」(同)のである。

これが『純粋理性批判』と『実践理性批判』の第四の違いであり、『純粋理性批判』ではたんに思想として措定されたにすぎない自由な叡智的な存在者の概念を、

『実践理性批判』では現実のものとすることができるのである。

『純粋理性批判』では、この自由という能力は、叡智的な主体がそなえていると想定することが許されただけであった。思弁的な理性は、「叡智的なもの《インテリギベル》」（073）のための場所を開いておいて、そこに「端的に無条件的であるような原因性」（同）、すなわち自由を想定することができるだけだった。そして思弁的な理性には、この「思想を現実化する」（同）こと、「すなわちこの思想を、自由に行為する存在者の認識へと変える」（同）ことはできなかった。

しかし『実践理性批判』では、「理性の事実」としての道徳性の概念によって、この「空虚な場所」（同）を満たすことができるようになった。「純粋な実践理性は叡智界における自由による原因性の特定の法則、すなわち道徳法則にしたがって、この空虚な場所を満たすのである」（同）。

理性の領域の「拡張」

このことは、実践理性においては人間は自由な叡智的な主体として行動することができるということであり、これによって純粋実践理性には、思弁的な理性には許されなかった理性の領域の「拡張」を行うことができるということである。第二項「純粋理性は、実践的な使用においては、思弁的な使用だけでは不可能な拡張を行えることについて」ではこの問題を集中的に検討する。

まずカントは『純粋理性批判』でも繰り返し行われたヒューム理論の批判を展開する。ヒュームは帰納による推論には必然性がないため、ある出来事が起きても、それが原因となって次の出来事を起こすということは説明できないことを主張したのだった。そしてこの原因の概念の批判がうけいれられると、経験だけに依拠する経験論が力をえてきて、ついには懐疑論が有力になり、最後にはヒュームの批判から除外されてきた数学までもゆらいできたのであった。

カントは『純粋理性批判』において、人間が認識するのは物自体ではなく、現象であることを主張しながら、もしも人間が物自体を認識できるとするならば、「原因の概念が欺瞞的であり、間違った幻想である」(077)ことを認める。しかし人間が認識するのは現象の世界にすぎず、現象の世界では原因の概念が必要であり、この概念によって「わたしたちの経験が可能」(078)になることを主張したのだった。

これらの原因の概念や、実体などのその他のカテゴリーは、人間が認識する現象の、世界に適用することができるのであり、これらを適用することで初めて人間の経験というものが成立する。これらは人間の認識が可能となるための条件なのである。しかし問題なのは、この『実践理性批判』において考察の対象となっているのは、現象の世界に属するものとしての人間の行為ではなく、叡智的な世界に属する物自体としての人間の行為であることである。

カントは本書では、この物自体としての性格において、人間に自由を認めたのだった。『純粋理性批判』では、自由という概念は、超越論的な自由としての意味では原因性であり、「叡智的な原因」[90]であるとされていた。するとカントは本書では、叡智的な存在である人間にたいして、原因性という概念を適用したことになる。これは『純粋理性批判』では厳しく戒められていた越権にほかならない。これは許されるのだろうか（この異議にたいしてカントが序で応答していたことは、序の解説のところで触れている）。

この項目でカントは、この理性の越権の問題に答えようとする。カントは、『純粋理性批判』において原因などのカテゴリーの客観的な実在性について根拠づけが行われたが、それは「可能的な経験の対象」（079）だけにたいしてだったのであり、叡智的な存在としての物自体については、直観が与えられていないために、その対象の「理論的な認識のために［カテゴリーを］適用すること」(079)ができないことを認める。ただしそれを絶対に適用できないわけではない。「理論的な意図からではなく、実践的な意図から」(080)であれば、物自体にカテゴリーを適用することは許されるのである。

その理由としてカントは三つのことを挙げる。第一は、人間が自由な意志によって道徳法則に規定されるというのは「理性の事実」であり、理性は人間が自由であること、すなわち叡智的な原因性をそなえていることを、この事実によって直接に意識しているからである。このことは、「事実によってアプリオリに与えられている」(081)のである。

第二に、意志の概念のうちに原因性という概念がアプリオリに含まれているのであり、意志が自由であるのは、分析的に明らかなことだからである。知性は対象を認識するためだけではなく、「欲求能力との関係ももっているのであり、そのために欲求能力は意志と呼ばれる」(同)。純粋な知性が「たんなる法則の観念だけによって実践的なものとなるときには、この欲求能力は純粋な意志と呼ばれる」(同)。そして意志の概念には、原因性の観念が含まれているのであり、純粋な意志の概念のうちには、「自由を伴う原因性の概念が含まれている」（同）のである。そしてこの純粋な意志の実在性は、経験的な直観によっては証明することができないものであるが、理性を実践的に使用する場合にかぎって、「純粋な意志の客観的な実在性は完全に正当化される」（同）のである。

　第三に、人間はみずからの行動原理などによって、この自由の概念が「実践的な実在性」（082）をもっていることを明らかにするからである。この自由という概念は、「叡智的な原因《カウサ・ヌーメノン》」（081）あるいは「経験的に条件づけられていない原因性」（082）の概念であり、これは経験的に根拠づけることはできない「空虚」（081）な概念である。しかしこの概念は、「理論的に認識」（同）することを目的とするものではなく、実践において現実に適用することだけを目的とするものである。これは「具体的にわたしたちの心構えや行動原理として示されることができる」（082）のであり、この概念はたとえ「客観的な実在性」（同）が認められないとしても、「実践的な実在性」（同）は認められるのである。カントは、この実践的な実在性が確認されれば、「この概念が叡智的な存在《ヌーメノン》に十分な根拠をもって適用できることを保証する」（同）と主張する。

これらの理由からカントは、理性の実践的な使用においては、原因性以外にもすべてのカテゴリーを、叡智的な存在である人間に適用することができると主張する。ただし「これらのカテゴリーが、純粋な意志を規定する根拠と、すなわち道徳的な法則と必然的に結びつく場合にかぎられる」(083)という条件のもとでである。このようにカテゴリーを叡智的な存在に適用するとしても、「こうした存在者を認識すると僭称する」(同)ものではないので、『純粋理性批判』で戒められた越境をすることにはならないとカントは主張する。

第二章　純粋実践理性の対象の概念について

第一節　善と悪の概念

本書の目的

カントは、『道徳形而上学の基礎づけ』の本論の冒頭で、この世界において、「無制限に善であるとみなせるもの、それはこの世界においても、この世界の外においても、ただ善い意志だけである[91]」と断言した。これは、善は人間の外部にあるのではなく、道徳的な法則を定め、それを遵守しようとする意志だけにあることを主張するものである。

この主張は伝統的な道徳哲学とは根本的に反するものであり、その主張は同書の本文で、詳細に根拠づけられた。そして本書でも改めてこの章の前半で、そのことが詳細に論じられる。序の解説で指摘したように、『道徳形而上学の基礎づけ』では善の概念が道徳法則よりも前におかれ、その基礎とされるべきであることが明確に説明されていなかった。そのために、道徳の原理を考察する前に、「善の概念が確立されていない」(010)という批判が行われたのだった。それはカントがこのことを明確に指摘していなかったためである。

そこでカントはこの章の大部分を費やして、善と悪の概念を道徳法則に先だって規定するのではなく、その反対に道徳法則によって善と悪を規定しなければならないことを、「実践理性の批判の方法におけるパラドックス」(094)として明確に定式化するのである。これがこの章の第一の目的である。残りの部分では、善にかかわる実践理性のカテゴリーが展開され(第二節)、最後に「範型論」として、これらのカテゴリーと原則を適用するための条件が検討されることになる(第三節)。

実践理性の対象

まずカントは実践理性の「対象」(084)という概念を提起する。この対象という概念は、理論的な理性の認識の際に使われた対象という概念と明確に区別する必要がある。認識の対象は、人間の外部にある事物のことであり、これが人間の感覚能力を触発して、感性のうちに像［＝表象］を作らせたのだった。しかし実践理性の対象とは、人間の認識能力に先だって存在する何かではなく、「自由［な行為］によって発生する可能性がある結果としての客体の観念のことである」（同）。

認識をもたらす対象と、この実践理性の対象との違いは第一に、実践理性の対象は人間の外部に存在する事物ではなく、人間の自由な行為によって発生する結果だということである。認識の対象は、認識に先立って存在し、人間が直観することでその像を認識する。しかし実践理性の対象は、人間がある行為をすることによって、その結果として生まれるものである。

第二の違いは、この対象は人間から独立して存在するもの、人間が受動的に触発されるものではなく、人間の意志によって生みだされたものであるということである。ここにはいかなる受動性もない。そのために、この「結果」というものは、行為によって生まれた出来事だけと考えてはならない。この対象は「意志と行為との関係」（同）とされているからである。ある行為をなし、その結果を生みだそうとする人間の意志を、対象と切り離すことはできないのである。「この意志に基づいて行為することで、こうした対象あるいはその反対物が実現される」(084)のであり、この対象はつねに意志した行為の結果という観点からみられているのである。

カントはこれと関連して、「物理的な可能性」と「道徳的な可能性」の違いを提起する。一般的に人間があるものを欲求し、その欲求の目的を実現しようと行為する場合には、その目的を実現することが「物理的に可能である」(同)かどうかを判断する必要がある。しかし実践理性の場合には、その目的が実現できるかどうかという物理的な可能性の問題よりも、それを「意欲することが許されるか」(同)という問題がまず検討されるべきことになる。その行為が道徳的なものであるかどうかをまず判断する必要があるのであり、その行為の「物理的な可能性」ではなく、「道徳的な可能性」がまず問われるべきなのである。「行為を規定する根拠は対象ではなく、意志の法則だからである」(同)。その行為の結果よりもまず、その行為の意志の道徳性が問われるべきなのである。

善と悪の概念

さてこの実践理性の対象とは、意志した行為の結果であるが、この結果として生じた客体にたいして、人間は二つの相反する観念を抱く。その客体は善であるか、悪である。すでに考察してきたようにカントは、善と悪を人間の幸福や健康などのいかなる実質的な原理によっても定義しない。行為の結果と意志の関係だけから、善と悪の概念を定義する必要があるのである。

カントは、人間の欲求能力が必然的に欲求する対象を善と呼び、「忌避能力」（085）が必然的に忌避する対象を悪と呼ぶ。これは同義反復のようにみえるが、善と悪の定義に実質的な原理を持ち込まないためには、このような形式的な定義を採用するしかないのである。この定義はいわば定言命法として、欲求能力が必然的に欲求するものが善であれ、忌避能力が必然的に忌避するものが悪であれと、命じているのである。ふつう行われるように、善を欲求能力が望むものと定義し、悪を欲求能力が忌避するものと定義しなかったのも、この定言命法の形式を維持するためだろう。

この定義が意味していることは、人間がその道徳的な法則にしたがって行為し、その行為の結果として生まれることを「意欲する」ようなものが善であり、それを「意欲しない」ものが悪であるということである。善が定義された後に、道徳法則が定められるのではなく、道徳法則にしたがって行為した結果として生まれることを、その行為する人間が欲求するものが善と呼ばれるのである。道徳哲学はこの定義を採用しなければならないことが、以下の段落で詳しく検討されることになる。

快と不快の概念による定義の欠陥

もしもその反対に、善が実践的な法則に先立って定められ、その「根拠として役立つ」（086）と考えた場合には、どのような帰結が生まれるだろうか。その場合には、人間はその善に規定されて、その善を目的として道徳的に行動することになる。すると何が善であるかを定義しておく必要がある。この善とは、すでに第一章で考察されてきたように、人間の幸福のことであるに違いない。人間の幸福とは何だろうか。幸福とは「わたしたちのうちに自然の傾きとして存在しているすべての〈心の傾き〉「=傾向性」を満足させることである」[92]。心の傾き、すなわち欲望が満足するときには、快感が生まれ、満足されないときには不快が生まれる。だとすると、あるものが善か悪かは、快感が生まれるか、不快が生まれるかによって判断することになるだろう。

　このような善と悪の定義には、いくつかの重要な欠陥がある。第一に、この定義では、善と悪を決定するのは経験だけになる。というのも、「どのような観念が快をもたらし、また反対にどのような観念が不快をもたらすかをアプリオリに洞察することはできない。そのため何が直接的に善であり、悪であるかを決定するのは、まったく経験だけによらざるをえないだろう」（同）からである。そのような経験的な善悪の定義に基づいた道徳法則も経験的なものとなり、アプリオリな道徳法則について語ることはできなくなるだろう。

第二に、このような定義では、善悪を区別するのは、個々の主体の「感受性だけに制限される感覚」（同）であると考えることになるだろう。そして「普遍的に伝達されうる概念によって判断」（同）することはできなくなってしまうだろう。しかし一般に善悪の判断は、感覚を司る感性ではなく、理性が下すべきである。善と悪は個別の主体が感覚的に判断するのではなく、概念によって普遍的に判断すべきものなのである。

第三に、このように快を与えるものが善であると定義するならば、善とは快楽をもたらすためのたんなる手段となってしまうだろう。そして善は快をもたらすために「有用であるもの」（同）にすぎないし、その目的は快という感情として、「つねに意志の外部に、そして感覚のうちに存在するのでなければならない」（同）だろう。そして絶対的な善というものは存在せず、「何かの目的のための善」（086）しか存在しなくなるだろう。

第四に、この定義では善と快適さを同一のものと考え、悪と不快を同一のものと考えるが、これには大きな問題がある。快適であっても悪であるものがあり、不快であっても善であるものがあるからである。度を越した酩酊は快適ではあるが、悪とみなされる。悪しき行為をしたことを後悔して、それを償うために告白し、責任をとることは不快ではあるが、善とみなされる。こうした事実をこの定義は説明できないのである。

善と悪の語の二義性

この第四の問題に、カントは長い説明を加える。その根本的な原因は、ラテン語では善と幸福を区別せずにボヌムと呼び、悪と災いを区別せずにマルムと呼ぶために、この二つの概念が混同されてきたことにあるとカントは主張する。この「ラテン語という言語の制約」（087）のために、ボヌムという語に両義性があり、「これらの語は二重の意味をもつことができ、そのために実践的な法則はどうしても曖昧なものとなってしまう」（同）のである。

片方の対である幸福と災いは、人間に快適さを与えるか、苦痛を与えるかによって定義される。人間は快適なものを幸福として欲求し、苦痛を与えるものを災いとして忌避する。「その客体がわたしたちに快や不快の感情を引き起こすかぎりで、わたしたちはその客体を欲求したり忌避する」（089）のである。快適さや苦痛は感覚であるから、この判断をするのは感性であり、理性ではない。

これにたいして善と悪は、感性ではなく、意志にかかわるものであるとカントは定義する。意志とは、「理性の規則を行為の動因とする能力」（同）であり、「この行為によって客体を現実のものとする」（同）のである。だから善と悪は、快適さや苦痛といった感覚の状態にかかわるものではない。人間の「行為の仕方」、「意志の行動原理」、「人格」（同）だけについて、善と悪を語ることができるのである。

この行為の仕方が、普遍的な道徳法則に適ったものである場合には、その行為は善であり、その意志の行動原理が普遍的な道徳法則と一致するものである場合には、その行動原理は善であり、このような行為の仕方と行動原理を採用する人格が善なのである。

カントのこの幸福と災い、善と悪の概念の区別は明確なものであり、多くの道徳哲学の曖昧さを解消させるものであるのは間違いない。カントはそれを補足するために二つの実例をあげる。一つは古代ギリシアのストア派の悪の理論であり、ストア派の哲学者たちは、激しい痛風に苦しんだとしても、それを悪と呼ぶことを拒んだのだった。それは身体における災いではあるが、彼の行為の仕方にも、行動原理にも、人格にもかかわるものではないので、それは悪ではないのである。「この苦痛は彼の人格の価値をいささかも損ねるものではなく、ただ彼の［健康］状態の価値を低めただけ」(090)なのである。

次の例は、災いでありながらも、善である場合の実例である。たとえば歯が痛む場合には、歯医者にいって治療してもらうだろう。治療は苦痛であり、災いであるが、「しかしその人は、そしてすべての人は理性にしたがって、それを善と明言するのである」(091)。ただしこの例は、善が道徳的な法則とかかわりをもたないために、あまり適切な例とは言えないだろう。

他人に迷惑をかけている人が襲われたときの例も、あまり適切とは思えない。迷惑をかけられていた人々がえられるのは、ゆっくりと暮らせるという快適さであり、迷惑をかけていた人が災いをこうむったことにたいする満足であるだろう。どちらも感情的なものであり、道徳性とはかかわりがない。また迷惑をかけていた人がその災いを善とみなすかどうかは、疑問である。これはカントも道徳感情論の批判のところで、その可能性を認めていたことである。さらにこの人が犯罪者であることが明言されていないために、「理性は彼に、幸せに暮らすことと善行は均衡した関係にあることを避けがたい形で示す」（同）かどうかは、それほど明確なことではないだろう。

幸福と道徳

このように幸福と善とは二つのまったく異なる概念であることは明らかであるが、対立する概念であるわけではない。この二つの概念が一致することが好ましいのは明らかだからである。

カントは『純粋理性批判』において、最高善の概念において、幸福の追求と道徳性を統合することを試みていた。すでに指摘したように幸福になることは、自分の欲望が満たされることであり、理性は「幸福になろうという願いを動因とする実践的な法則」[93]を示すのであり、これは「実用的な法則」[94]と呼ばれる。また同時に理性は、「幸福になるに値する」、すなわち道徳的な存在であるための実践的な法則も示すのであり、これは「道徳的な法則[95]」と呼ばれる。

カントは『純粋理性批判』では、理性はこの実用的な法則のもとで、幸福がもたらされることも善であると認めていたのだった。「わたしたちの理性にとって幸福だけでは、完全な善がもたらされることはない[96]」という言葉はそのことを明確に示している。カントは「道徳的に正しく行動することと幸福が結びついていないかぎり、理性は幸福を完全な善をもたらすものとして承認することはない[97]」と、完全な善が実現されるためには、幸福に道徳性が伴うことを要求したのだった。

「幸福であること」と「幸福に値すること」が完全に一致する理想の国、それが「恩寵の王国[98]」の状態である。この王国では、「あらゆる幸福がわたしたちを待っている[99]」のである。この王国が成立するために、カントは神の現実存在と霊魂の不滅、すなわち彼岸の存在を要請したのである。

このようにカントは『純粋理性批判』では、道徳性だけでは完全な善ではないことを主張する。「理性は幸福を完全な善をもたらすものとして承認することはない。しかし道徳性だけでは、そして道徳性と結びついたたんなる幸福になるに値する存在であることだけでは、まだ完全な善からは遠い[100]」と考えるからである。

これにたいして『道徳形而上学の基礎づけ』では、道徳性の原理は幸福の原理とは峻別された。たしかに「目的の国[101]」という概念で、あらゆる理性的な存在者が、他者を手段としてだけではなく、目的として扱う共同体という概念が提起されていた。この「目的の国」においては、他者を害する人はいないはずであるから、すべての人は幸福になれるに違いない。しかしこの国は最高善の実現も、すべての人が幸福になることも、直接の目的とする国ではない。理性的な存在者は、定言命法を遵守するとしても、「自然の国と、目的に適ったこの国の秩序が、みずからと調和することは期待できない。さらに自然の国と、目的に適ったこの国の秩序が、幸福をもたらしてくれるという期待に貢献するものであることも見込めない[102]」のであり、自然の国が目的の国になっても、道徳的な存在者が幸福になれるという保証はないのだった。

このようにカントは、『純粋理性批判』では幸福の追求を理性の重要な任務の一つとし、幸福を善の不可欠な要素とみなした。しかし『道徳形而上学の基礎づけ』では、幸福の原理に基づく道徳哲学は他律の原理に基づくものであり、定言命法に基づく道徳哲学だけが自律の原理に基づくものであることを明確にするために、この善における幸福の概念はほとんど無視されたのだった。

そして本書『実践理性批判』では、この二つの原理の和解が試みられる。カントは「わたしたち自身の幸と不幸は、実践的な理性の判断においてはきわめて重要な問題であり、また感性的な存在者としてのわたしたちの本性においては、すべてのことがわたしたちが幸福になれるかどうかにかかっている」（092）ことを改めて承認するからである。

そしてカントは幸福と善の関係を整理して、理性の準則と法則として定義し直す。まず幸福の原則は「準則」（093）と呼ばれる。もしも「快または不快の客体」（同）が根拠となって、行動原理を規定する場合には、「快を増進させ、苦痛を避けようとする理性の行動原理が、行為を規定することになる」（同）。この行為は主体の心の傾き、すなわち欲望を満足させようとするものであり、「何か別の目的にかんして、その目的の手段として、善である」（同）にすぎない。この準則の目的は善ではなく、幸福である。「この目的のために手段を使用すること、すなわち行為は、それでも〈善〉と呼ばれる。行為するためには理性的な熟慮が必要であるからである」（同）。しかしこれは端的な善ではない。

これにたいして「理性の原理がそれ自体で意志を規定する根拠」（同）となっていて、欲求能力の客体がまったく考慮にいれられない場合には、「この理性の原理はアプリオリな実践法則」（同）と呼ばれる。これが法則であり、この場合には「法則が意志を直接に規定し、この法則に適った行為はそれ自体で善である」（同）。このような意志は端的に善である。

このようにカントは、幸を求める行為の原則を準則と呼び、それに基づいた行為を「快と不快の感情にかんして、善い」（同）と呼ぶ。これにたいして道徳的な原理に基づいた行為の原則を法則と呼び、それに基づいた行為は「端的に善」、「それ自体で善」（同）と呼ぶのである。

その上でカントは、『道徳形而上学の基礎づけ』で提起された自然の目的という概念を改めて提示する。動物には本能があり、動物はこれによって幸福を目指す。しかし人間には理性がある。この理性はしかし本能とは違って、幸福になることを目指すためにはあまり役立たないとカントは考える。本能のほうが間違わないのである。それでは理性はなぜ与えられているのだろうか。

それは人間が「動物よりも高い目的のために規定され」（092）ているからだとカン

トは考える。「理性はさらに高い使命のためにも人間に与えられている」（092）のである。この使命とは、感性ではなく理性だけが行える判断、すなわち「それ自体において善であり、悪であるもの」（同）について判断を下すこと、そして「善と悪の判断を幸と不幸の判断の最高の条件とすること」（同）である。人間は幸福を追求してもよいが、この追求は善悪の判断によって制限されるべきである。それは人間には高い使命があるからであり、その使命とは「恩寵の王国」と「目的の国」の実現であることは明らかだろう。

実践理性の批判の方法におけるパラドックス

最後にカントはこの考察の初めに提起した「実践理性の批判の方法におけるパラドックス」（094）を提起する。これはすでに述べたように、善と悪の概念を定義してから道徳法則を導くのではなく、「まず道徳法則が定められてから、道徳法則だけにしたがって、初めて善と悪が規定されねばならない」（同）ということであった。人間の外部に何か善きものがあるのではなく、人間の意志だけが善きものであるからである。これはいわば善の概念におけるコペルニクス的転回である。

すでに繰り返し指摘されたように、これまでの道徳哲学の誤謬は、この逆説を認識せずに、善と悪を定義してから道徳法則を導こうとしたために、「彼らの原則はつねに他律となり」(095)、道徳法則において経験的な要素を持ちこまざるをえなかったのである。

第二節　自由のカテゴリー

実践理性におけるカテゴリーの可能性

このように実践理性の批判のパラドックスを提起して、善と悪の概念の考察を終えたカントは、次に自由のカテゴリーを提起する。『純粋理性批判』では、カテゴリーは知性の純粋な概念であり、知性が対象を認識するときに「普遍的な概念によって、わたしたちに可能なあらゆる直観にたいする客体一般を、ただ無規定なままで示す」(097)思想の形式にほかならなかった。

しかし『実践理性批判』においては、善と悪の概念は原因性として自由にかかわるものである。原因性は関係のカテゴリーの一つであるが、実践理性の批判では実践理性の純粋な概念として、このカテゴリーを直接に展開することはできない。「善悪の概念は原因性という唯一のカテゴリーの様態《モドゥス》」（096）にすぎないからである。

ただし行為を感性界に属するものとみなしたときに、「実践理性のさまざまな規定は、現象との関係においてのみ、したがって知性のカテゴリーにふさわしい形で定めることができる」（同）はずである。カントはこれらの規定を「自由のカテゴリー」（097）と呼び、純粋知性概念のカテゴリーにしたがって構築できると考える。

自由のカテゴリーと自然のカテゴリー

これらの自由のカテゴリーと純粋知性概念の自然のカテゴリーの違いを、カントは四つに分けて述べている。第一は、自由のカテゴリーは普遍的なものではないことである。すでに述べたように、自然のカテゴリーは純粋な知性の思考の一般的な形式を示すものであって、思考において普遍性をそなえたものである。これにたいして自由のカテゴリーは、意志を規定する実践理性の産物であり、自然のカテゴリーのうちの原因性のカテゴリーに基づくものである。

第二は、自由のカテゴリーはその狭さによって、純粋さとアプリオリ性を獲得するということである。自然のカテゴリーはすでに確認したように、「わたしたちに可能なあらゆる直観にたいする客体一般を、ただ無規定なままで示すにすぎない」（同）。これにたいして自由のカテゴリーは、直観が与えられることはないが、「純粋でアプリオリな実践的な法則を根拠とするもの」（同）である。

第三は、この純粋さとアプリオリ性が、理性に由来するものだということである。自然のカテゴリーでは「直観の形式としての空間と時間は、理性そのものに存在するものではなく、ほかのところに、つまり感性のもとに求める必要があった」（同）。これにたいして直観が与えられない自由のカテゴリーでは、「純粋な意志の形式」（同）が、感性ではなく理性のもとに与えられている。感性の束縛をうけることなく、純粋な実践理性の規定となるのである。

第四は、この規定は自由な規定であり、誰もがそれを働かせる心構えを自由に作りだすことができるということである。自由のカテゴリーは、認識の場合とは違って直観が与えられる必要がないために、直観なしで意義をもつことができる。これは意志を規定するものであるために、「実践的な能力の自然的条件は問われない」（同）ものであり、意志する主体が「意志の意図をみずから実現する」（同）ことができるのである。どんな主体でも、自由に意志するだけで、みずからこの心構えを作りだして、純粋実践理性を働かせることができるのである。

自由のカテゴリー表

カントはカテゴリー表を作成するにあたって、「道徳的にはまだ規定されておらず、感性的に条件づけられているカテゴリーから、感性的に条件づけられず、道徳的な法則だけに規定されたカテゴリーへと進む」（097）ことに注意を促している。ただし量から性質へ、関係から様態へという順序には変わりはない。高峯が指摘しているように、[103]「感性的に条件づけられているカテゴリー」（同）から、「道徳的な法則だけに規定されたカテゴリー」（同）にかかわるのは、最初の量のカテゴリーと、最後の様態のカテゴリーだけであるが、それでもこの順序が守られているのはたしかである。

まずカントの表をみてみよう。

善悪の概念にかんする自由のカテゴリー表

（一）量

主観的な自由の原理。これは行動原理、すなわち個人の意見にしたがう

客観的な自由の原理。これは原理（準則）にしたがう

アプリオリに客観的であるとともに主観的な自由の原理（法則）

（二）性質

作為の実践的な規則（命令《プラエケプティヴァエ》）

不作為の実践的な規則（禁止《プロヒビティヴァエ》）

例外の実践的な規則（例外《エクスケプティヴァエ》）

（三）関係

人格性との関係

人格の状態との関係

ある人格と他の人格の状態との相互的な関係

（四）様態

許されていることと許されていないこと

義務に適うことと義務に反すること

完全義務と不完全義務（098）

量のカテゴリー

量のカテゴリーは、『純粋理性批判』のカテゴリー表によると、単一性、数多性、全体性であった。善と悪の概念にかかわるこの自由のカテゴリー表では、単一性にあたるのが、個人の意見としての行動原理にしたがう「主観的な自由の原理」（同）である。各人は、みずからの定めた行動原理にしたがって行動する自由がある。行動原理は、たとえば「軽蔑されたら必ず復讐する」のように、各人が好みで定めることのできるものである。

数多性に該当するのが、理性的な準則にしたがう「客観的な自由の原理」（同）である。たんに心の中で自由に定めた行動原理ではなく、ある目的を実現するために理性が勧告する準則にしたがう自由である。この準則は、弁護士になりたければ司法試験を受けるための勉強をせよというように、たんなる個人的な行動原理ではなく、客観的な妥当性をもつものである。

全体性に該当するのが、「アプリオリに客観的であるとともに主観的な自由の原理

（法則）」（同）であり、これは定言命法としての道徳法則にしたがう自由である。「守れない約束をしてはならない」のように、普遍的な法則として、アプリオリに客観的に妥当する法則を、みずからの選択のもとで主観的に遵守する自由である。

この三つのカテゴリーの進展は、「道徳的にはまだ規定されておらず、感性的に条件づけられ」（097）た主観的な行動原理から、理性的で客観的な準則を経て、「感性的に条件づけられず、道徳的な法則だけに規定された」（同）道徳法則にしたがう自由へと、単一性から数多性を経て全体性へと進むものであり、カントの意図は明確に貫かれている。

ただしベックも指摘するように[104]、第一の主観的な原理が目的としているのは、自分の幸福としての善であり、第二の客観的な原理も同じく、自分の幸福としての善を目的とする。第三の道徳的な法則だけが、幸福という善ではなく、ほんらいの道徳的な善を目的とするという違いがある。

性質のカテゴリー

第二の性質のカテゴリーは、第一の量のカテゴリーのように、実践的な規則の主観性と客観性の観点からではなく、実践的な規則の判断の形式にかかわるものである。まず最初の実在性のカテゴリーと、その土台となった判断表の肯定判断に対応するのが、「せよ」という実践的な規則、すなわち命令である。定言命法はすでにこの形で語られたのである。実践的な規則はこの場合には、すべての理性的な存在者に妥当する普遍的な規則として語られる。

第二の否定性のカテゴリーと、その土台となった判断表の否定判断に該当するのは「するな」という実践的な規則、すなわち禁止である。たとえば「嘘をつくな」である。これもまたすべての理性的な存在者に妥当するものとして普遍的に禁じられる。

第三の制限性のカテゴリーと、その土台となった判断表の無限判断に該当するのが、例外の実践的な規則である。この例外というのは少し分かりにくいが、『純粋理性批判』の判断表の性質のカテゴリーのところで示された無限判断の形を思いだしてみれば、分かりやすくなるだろう。無限判断は肯定判断と否定判断を統合して生まれるのだった。第一の肯定判断は「薔薇は花である」のようにAはBであると断定する。第二の否定判断は「薔薇は動物ではない」というようにAはBではないと否定する。ところがこれを統合した無限判断は、「薔薇は動物ではないものである」というように、

ＡはＢでないものであると判断する。すなわち、否定判断で制限を加えた後に、否定されていないものについて肯定判断をするのである。「無限判断は認識一般の内容を制限する」[105]のである。たとえば「この薔薇の花は赤ではない」というように、その薔薇の花には色があること、ただしそれは赤ではないことを指摘する。この制限にしたがうかぎり、その薔薇の色はどのような色でもありうるのであり、そこに無限の可能性を残すものだった。

この自由のカテゴリーにおける「例外」とは、「せよ、ただし〜の場合にはするな」という形で、命令あるいは禁止に条件をつけるものである。普遍的な命令あるいは禁止を示し、その普遍性に例外という制限をつけるのである。「他人に危害を与えるな、ただし自分の生命を守るためにやむをえない場合を除く」のようにである。

関係のカテゴリー

第三の関係のカテゴリーでみると、「実体と偶有性」のカテゴリー（判断表では断言判断）に該当するのが、「人格性との関係」（098）である。これは目的そのものとしての人格と自由の関係を語るものである。カントは思弁的な理性の領域では実体という概念には慎重になるが、実践的な理性においては、人間は叡智的な存在として行動するので、人格は実体そのものとみなされる。そのためにこのカテゴリーが適用されるわけである。

第二の「原因と結果」のカテゴリー（判断表では仮言判断）に該当するのが、「人格の状態との関係」（098）である。これはさまざまな行為において人格がどのような影響をこうむるかという観点から、自由と人格の関係を考察するものであろう。[106] このように行動したならば、人格はどのように完全になるか、あるいは損ねられたかという形で、仮言判断にかかわるのである。

第三の「相互性」のカテゴリー（判断表では選言判断）に該当するのが「ある人格と他の人格の状態との相互的な関係」（同）であり、これは主体の人格と他の人格との相互関係において発揮される自由である。ここではどのような行為が他の人格を目的として扱うためにふさわしいかが問われるのであり、「正義はなされよ」という格言に近いものである。

様態のカテゴリー

最後の様態のカテゴリーでは、ふたたび感性的な存在者から道徳的な存在者へのカテゴリーの進展が登場する。まず最初は、「可能性」のカテゴリーに対応するものとして「許されていることと許されていないこと」のカテゴリーが提示される。これは性質のカテゴリーの「せよ」と「するな」、命令と禁止と似たものである。ただし性質のカテゴリーでは判断の形式に注目していたが、ここでは様態のカテゴリーであるから、その命令や禁止が適用される主体について、その命令や禁止が主体にたいしてもつ意味が考察されるのである。カントは『純粋理性批判』において、様態のカテゴリーは、判断の内容にはまったく寄与しないものであり、「思考一般との関係において、「判断を作りだす、〈～である〉という」繋辞《コプラ》がどのような価値をもっているか[107]」という主体との関係だけにかかわることを明言しているのである。

　このカテゴリーでは、ある命令は「許されていること」としてうけとられ、ある禁止は「許されていないこと」としてうけとられる。実践的な規則はその主体にとって、行ってよいこと、あるいは行ってならないこととして判断されるのである。この段階ではこれらの規則はまだ外的なものとして主観的にうけとられているだけであり、主体の内的で必然的な規則としては確立していない。

なおカントは「許されていること」(エアラオプテ)と「許されていないこと」(ウンエアラオプテ)という語を使っているが、これは許す(エアラオベン)という動詞から作られた名詞形ですぐに理解できるが、ふつうは辞書に掲載されていない語である。序でカントは新語を作るという非難に反論しながら、この「許されていること」と「許されていないこと」が「義務」と「義務に反すること」とは明確に異なる概念であるために、このような造語が必要だったと語っていた。

また、次に示される義務のカテゴリーとの違いについて、演説をする者には新語を作ることは「許されていない」(012n)が、詩人にはそれが「ある程度は許されている」(同)という実例をあげている。許されているかどうかは、世間の一般的な考え方で決まるのであり、道徳的な義務とはかかわりがないのである。そこにはまだ世間一般の世論という形での主観性が残っているのである。

これにたいして次の「現実性」のカテゴリーに対応するのが、「義務に適っていることと義務に反すること」である。ここではたんに世間一般の世論として許されているかどうかではなく、その命令が客観的に道徳的な義務であるか、義務に反するかという観点から考察される。

最後の「必然性」のカテゴリーに対応するのが「完全義務と不完全義務」である。これらのカテゴリーは、第二の現実性のカテゴリーで現実のものとして検討された義務の概念について、それが必然的なものか、偶然的なものかという観点から考察するものである。義務は、すべての人が間違いなく必然的に遂行しなければならない「完全義務」であるか、その義務の遂行がたんに偶然的な「功績」とみなされる不完全義務かで区別される。この完全義務において、道徳法則はその最高の威厳と威力を発揮するのである。完全義務を表現するのが、アプリオリで必然的な道徳的な定言命法なのである。

カントは後に刊行する『道徳の形而上学』では、この完全義務と不完全義務の区別に基づいて、道徳的な原則の詳細な検討を遂行した。その意味では純粋な実践理性の批判である本書において、そのための土台が構築されたことになる。カントは道徳哲学の構築のためのこのカテゴリー表によって、「わたしたちは、これから実行すべき課題についてのすべての計画を概観するだけでなく、実践哲学が解決すべきすべての問題と、その守るべき順序を概観する」(100)と自賛している。

ただし第一の量と第四の様態のカテゴリーが道徳についての哲学的な考察を展開する土台になるとしても、第二と第三のカテゴリーは、その後はカントによってもあまり顧みられなかった。この自由のカテゴリー表が「徹底性を深め、理解可能性を高めるためにはきわめて有益なこと」（100）であるとしてもである。

第三節　範型論

二つの判断力

ここで実践理性にとって重要な能力である判断力が登場する。道徳的な法則は意志に規則を示すが、ある行為がその規則にしたがったものかどうかについては、普遍的な法を定める理性ではなく、普遍的なもののうちに特殊なものを包摂する判断力が必要となるからである。

カントは『判断力批判』において二種類の判断力を区別している――規定的判断力と反省的判断力である。規定的判断力は、[108]規則、原理、法則などの普遍が与えられていて、「特殊をこの普遍のもとに包摂する」能力である。これにたいして反省的判断力は、「特殊だけが与えられていて、判断力がこの特殊にたいして普遍をみいだす」[109]能力である。

カントが実践理性の批判で考察するのは、法則が与えられていて、個々の行為がその法則に適っているかどうかを判断するのであるから、規定的判断力である。法則が与えられていないで、個々の行為に基づいて、規則をみいだそうとするのは反省的判断力の役割であるが、カントは道徳的な行為からその法則を発見することは意図しない。「道徳の新しい原則」（009n）を新たにみいだそうとする人はいない、ただそれを定式化することだけが必要だというのが、カントの前提だからである。だからここでは規定的判断力が問題になる。この判断力が、「規則において一般的に、すなわち抽象的に語られたこと」（101）を、「具体的《イン・コンクレート》にある行為に適用」（同）する役割をはたすのである。

判断力の役割

さてこの判断力の行使にあたっては、抽象的なものを具体的なものに適用する際に固有の困難な問題が発生する。抽象的なものは概念的なものであり、具体的なものはひとつの客体であり、対象であるために、異質なものの適合関係を考えなければならないからである。道徳的な行為においては、抽象的なものは自由の法則であり、「意志はこの自由の法則にしたがって、すべての経験的なものから独立して、法則一般の観念とその形式だけによって」(101)、行為を規定する必要がある。しかしすべての行為は具体的で経験的なものであり、「自然の法則だけに」(同)したがうものである。このように異なる法則にしたがうものを、判断力はどのようにして適合させることができるのだろうか。

この判断力の困難はすでに『純粋理性批判』において指摘されていた。認識とは、ある対象を一つの概念のもとに包摂することであり、ここで判断力が行使される必要がある。その際に、対象と概念が「同種のもの」である場合には、この包摂はたやすく行われるだろう。皿をみて、「これは丸いものである」と判断するのは簡単だ。「皿という経験的な概念は、円という純粋に幾何学的な概念と〈同種のもの〉である」[110]からである。

ところがカテゴリーの場合には、これは純粋知性概念であり、これを「感覚能力によって直観できるとか、現象のうちに含まれているとか主張する人はいないだろう」[111]。

そこで「純粋な知性の概念が現象一般に適用できることを証明する必要」[112]がでてくるのである。認識の場合には、その役割をはたすのが想像力であり、その「想像力の産物[113]」である「図式」であった。図式は、現象と同じように感性的なものであり、カテゴリーと同じように知性的なものである。これが媒介になって、認識が可能になるのである。

図式と範型

ただし、実践的な行為の道徳性の判断においては、「道徳的な善は、客体という観点からは超感性的なものであり、感性的な直観のうちには、対応するものをまったくみいだすことができない」（同）という問題がある。認識の場合には、感性的なものと知性的なものを媒介する超越論的な図式というものを考えればよかったのであり、それは認識における時間規定として整理された。

しかし行為の判断の場合には、二つの別の問題が発生する。第一に、道徳法則を自然の対象に適用する際には、現象の認識のための能力である想像力を媒介にすることができないことである。その際には知性しか利用できず、知性は理性の理念にたいして感性的な図式を土台とすることはできない。

第二の問題は、道徳的な法則は自由なものであり、すでに考察されたように叡智的な存在が行使するものである。これにたいして、すべての行為は感性界で起こるものであり、自然の必然的な法則にしたがう。それでは「自然に属する出来事としての行為に、自由の法則を適用」(101)することがどのようにして可能になるのだろうか。

この二つの問題にたいしてカントは、ここでは想像力ではなく判断力が働くこと、そして判断力は想像力の図式ではなく、判断力のための「形式的な自然の法則」(103)を利用することができると考えることで解決する。この法則は、想像力の図式に相当するものであり、カントはこれを判断力の「範型」(同)と呼ぶ。

「形式的な自然の法則」の意味

この「形式的な自然の法則」がなぜ、範型として役立つのだろうか。それは行為の道徳性を問う際に、この形式的な自然法則がきわめて重要な役割をはたすからである。カントは、自分の行為が道徳的なものかどうかを判断するための「純粋な実践理性の法則のもとでの判断力の規則」(104)として、これから自分が行う行為が、「君自身もその一部に含まれるような自然の法則にしたがって生じる」（同）ようになることを、意欲することができるかと問うことをあげている。

　この問いかけはすでに『道徳形而上学の基礎づけ』で、第一の定言命法の派生形として示されていたものに近い。第一の定言命法の基本形は、「君は、君の行動原理が同時に普遍的な法則となることを欲することができるような行動原理だけにしたがって行為せよ」[114]と定式化された。これにたいしてその派生形として、この「普遍的な法則」を「普遍的な自然法則」に変えて、「欲することができる」の規定を省くことで、次の第二の定式、「君が行為するときに依拠する行動原理が、君の意志にしたがって、普遍的な自然法則となるかのように、行為せよ」[115]が示されたのだった。この規則は、この第二の定式を一つの問いとして表現し直したものと考えることができるだろう。

範型についての注

　ここで注意しておきたいことが三つある。第一は、この問い掛けによって、具体的にその人の行動が決定されるのではないということである。たとえば、これから嘘をつこうと思っている人が、自分の行為の道徳性を判断するために、この規則にしたがって、「嘘をつくという行為が、わたし自身もその一部に含まれるような自然の法則にしたがって生じるようになることを、わたしは意欲することができるか」と自問してみたと考えてみよう。

するとこの問い掛けによって、たしかに自分の行動は道徳的なものではないことが分かるかもしれない。しかしそれでもその人は嘘をつくかもしれない。これはその人の「意志を規定する根拠とはなっていない」(104)のである。だからこの問いは『道徳形而上学の基礎づけ』のように定言命法として提示されたものではない。実際には、これが形式的に普遍的なものとして妥当することはないことを「誰でもよく知っている」(同)からである。その人が嘘をついても、誰もが嘘をつくとはかぎらないからだ。しかしこの問いは「行為の行動原理を道徳的な原理にしたがって判断する」(同)ために役立つのであり、普遍的な自然法則にしたがって吟味することは、そのための「範型」として役立つのである。

第二に、この判断は、ふつうの人がつねに行っている判断とみなされているということである。「実際にすべての人は、この規則にしたがって、ある行為が道徳的に善であるか悪であるかを判断している」(同)と考えられているのである。判断力は、すべての人にそなわっていて、道徳的な判断は誰もが行っているふつうの判断であることが改めて強調されるのである。誰もが図式で認識しているように、誰もが範型を使って、道徳的な判断を下しているということになる。

第三に、この「形式的な自然の法則」というものが、物理学のような必然的な自然の法則として、必然的に妥当するものであるだけではなく、自然が目的に適ったものであるという自然の合目的性の法則をも意味しているということである。そのことは、カントが挙げた実例からも明らかである。もしも誰でも「自分の利益になると思えば勝手に嘘をついてもよいと考える世界があったとしよう」（同）。そのときには「君は事物の［世界の］このような秩序に所属しているとすれば、この秩序に属することに、自分の意志で同意するだろうか」（同）とカントは問い掛ける。

だからこの範型の背後には、たんに形式的な法則であるだけではなく、ある重要な価値判断が存在しているのである。それはその法則が形式的に適用された場合には、もはや人が生きることを望まなくなるような世界は絶対に望ましくないという判断である。世界には秩序があり、その秩序は人間が道徳的な存在であるような望ましい秩序であるべきだと考えられているのである[116]。

カントは自然には究極的な目的があることを繰り返し述べている。それが『純粋理性批判』で語られた「恩寵の王国」であり、『道徳形而上学の基礎づけ』で語られた「目的の国」である。本書でも人間に理性がそなわっているのは、たんに幸福を目指すためではなく、自然が定めた「高い目的」(092)のため、「さらに高い使命」(同)をはたすためであることが語られていた。

なお、これが範型と呼ばれるのは、道徳的で自由な行為について判断する際には、「自然法則をたんに自由の法則の範型とする」(104)からである。自由の法則を判断する際に、それが形式的に自然の法則として貫徹された場合には、どのような結果になるかを示すのが範型なのだ。それは「知性が経験的な事例において実例とすることができるもの」(同)として役立つものである。

範型論の役割

カントはこの「普遍的な自然法則」という範型を使うことには、二つの大きな役割があると指摘している。第一にこれを利用することで、実践理性の経験主義を防ぐことができる。経験主義とは、「善悪の実践的な概念を、たんなる経験の結果のうちに、いわゆる幸福のうちに置く」（106）ものである。しかしすべての人が自己の幸福を追求することを普遍的な自然法則として適用した場合には、世界の破滅を招くだろう。原理として万人は万人の狼であるからである。誰もが欲しいものが満ちあふれているわけではない。ミラノを手にいれることができるのは、フランス王か神聖ローマ皇帝かのどちらかなのだ（あるいはそのどちらですらない）。

カントは、「経験主義は義務の代わりにまったく別のもの、すなわち人間の心の傾きとひそかに通じあっている経験的な関心を、道徳性にこっそりと持ち込むのであり、それによってすべての種類の心の傾きと通じあうのである。こうした心の傾きは、それがどのような種類のものであるにせよ、最高の実践的な原理に匹敵する威厳を与えられた場合には、人間を堕落させる」（同）と念を押すように語っている。

第二に、この問い掛けは理性の神秘主義を防ぐために役立つ。神秘主義は、不可視の神の国というものをあたかも直観できるかのように考えて、これを「道徳的な概念を適用するための土台とする」（同）。これは法外なものの領域に迷いこむことである。ただしこの誤謬は、「道徳法則の純粋さや崇高さと矛盾するものではない」（同）ものであり、このように「想像力を超感性的な直観にいたるまで緊張させるというのは、きわめて不自然」（106）であって、人々にあまり訴えかけることがないものにすぎない。

　この経験主義と神秘主義を排した後、結論として判断力の合理主義が好ましいものとして提示される。「この合理主義は、純粋理性がそれだけで思考できるものである合法則性だけを、感性的な自然から取りだす。そしてそれとは反対に超感性的な自然のうちに持ち込むのは、自然法則一般の形式的な規則にしたがって、感性界における行為によって実際に示すことができるものだけ」（同）にすることで、経験主義的な誤謬にも、神秘主義的な誤謬にも陥らないですむのである。

　次の第三章では、こうした経験主義的な誤謬や神秘主義的な誤謬に陥らないようにするために役立つ「義務」の概念が詳細に検討されることになる。

注

［1］カント『純粋理性批判』B八六八。邦訳は中山元訳、光文社古典新訳文庫、第七分冊、段落986、二四〇ページ。

［2］同。

［3］同。邦訳は同、段落987。

［4］同、B八六九。邦訳は同、段落988、二四一ページ。

［5］同。

［6］同、B八七〇。邦訳は同、段落989、二四二ページ。

［7］同、B八七八。邦訳は同、段落999、二五六ページ。

［8］同、B八六九。邦訳は同、段落989、二四二ページ。

［9］同、B八二九。邦訳は同、段落928n、一七〇ページ。

［10］同。

［11］カント『オプス・ポストゥムム』アカデミー版カント全集二一巻、五八ページ。なおこの超越論的な哲学の構想の修正については川島秀一『カント批判倫理学』

（晃洋書房）、三〇九ページを参照されたい。

［12］このカントへの批判の詳細については、L・W・ベック『カント「実践理性批判」の注解』（藤田昇吾訳、新地書房）、八四ページ以降を参照されたい。

［13］カント『道徳形而上学の基礎づけ』。邦訳は中山元訳、光文社古典新訳文庫、段落141、二〇四ページ。

［14］ヘルマン・アンドレアス・ピストリウス（一七三〇〜九八）はリューゲン島の牧師で、一七八六年に匿名で『道徳形而上学の基礎づけ』の書評を『ドイツ文庫』に発表した。カントの授業を受講していたイェーニッシュがカント宛ての書簡で、この匿名の著者は「フェーマルン島の監督教区長、ピストリウスだとのことです。あのハートリーの翻訳者ですが、あなたの『基礎』に関する彼の書評は、一見したところかなり厳しいわりには、あまり深く立ち入ったものではありません」と知らせている。一七八七年五月一四日づけのカント宛て書簡、『カント全集』第二一巻、岩波書店、望月俊孝訳、二七八ページ。

［15］この書簡は前掲の『カント全集』第二一巻の二八二ページを参照されたい。

［16］カント『純粋理性批判』B七五一。邦訳は前掲の第七分冊、段落844、四一ページ。

〔17〕同、B七五二。邦訳は同。
〔18〕同、B八二八。邦訳は同、段落926、一六八ページ。
〔19〕この命題の例は、ベックの前掲書『カント「実践理性批判」の注解』一〇二ページのものを借りて、言い換えたものである。
〔20〕カント『純粋理性批判』A一一三。邦訳は前掲の第二分冊、段落D29、二一四ページ。
〔21〕同。
〔22〕同、B一八八。邦訳は前掲の第三分冊、段落210、五〇ページ。
〔23〕同。
〔24〕カント『道徳形而上学の基礎づけ』。邦訳は前掲書、段落49、八七ページ。
〔25〕同。邦訳は同、段落54、九一ページ。
〔26〕同。邦訳は同、九二ページ。
〔27〕同。邦訳は同、段落53、九一ページ。
〔28〕同。
〔29〕同。邦訳は段落55、九二ページ。

［30］同。邦訳は同、段落56、九三ページ。

［31］同。邦訳は同、段落59、九八ページ。

［32］同。邦訳は同、段落57、九六ページ。

［33］同。邦訳は同、段落59、九八ページ。

［34］同。邦訳は同、九五ページ。

［35］カント『人倫の形而上学』序論。邦訳は尾田幸雄訳、『カント全集』第一一巻、理想社、二九ページ。ただしこの引用で像とあるところは訳書では表象である

［36］同。

［37］カント『純粋理性批判』B一六九。邦訳は前掲の第三分冊、段落180、一七ページ。

［38］カント『人倫の形而上学』序論。邦訳は前掲書、三一ページ。

［39］同。この引用で心の傾きとしたところは訳書では「傾向性」（感性的衝動 Stimulus）である

［40］同。

［41］同。

［42］カント『道徳形而上学の基礎づけ』。邦訳は前掲書、段落32、五九ページ。

［43］カント『純粋理性批判』B五六九。邦訳は前掲第五分冊、段落630、二四七～二四八ページ。

［44］スピノザは、投げられた石が思考するならば「自分は完全に自由だ、自分が運動に固執しているのはただ自分がそうしようと思うからにほかならぬ」と考えるだろうと指摘し、「これは同時に、人間の自由でもあるのです」と断言している（『スピノザ書簡集』書簡五八。畠中尚志訳、岩波文庫、二六九～二七〇ページ）。

［45］カント『道徳形而上学の基礎づけ』。邦訳は前掲書、段落34、六一ページ。

［46］同。

［47］同。邦訳は同、六二ページ。

［48］同。邦訳は同、段落67、一一二ページ。

［49］同。邦訳は同、段落66、一一〇ページ。

［50］同。邦訳は同、一一一ページ。

［51］エピクロス「メノイケウス宛の手紙」。『エピクロス』出隆・岩崎允胤訳、岩波文庫、七〇ページ。

［52］フランシス・ハチスン『美と徳の観念の起原』山田英彦訳、玉川大学出版部、一

九一ページ。

［53］カント『道徳形而上学の基礎づけ』。邦訳は前掲書、段落118、一七四ページ。

［54］同。邦訳は同、段落119、一七四ページ。

［55］同。邦訳は同、一七五ページ。

［56］同。

［57］同。

［58］同。

［59］同。邦訳は同、一七六ページ。

［60］同。

［61］同。邦訳は同、段落120、一七七ページ。

［62］同。

［63］同。

［64］同。

［65］同。邦訳は同、一七八ページ。

［66］同。

〔67〕同。
〔68〕カント『純粋理性批判』B一一六。邦訳は前掲の第二分冊、段落129、九二ページ。
〔69〕同、B一二〇。邦訳は同、段落133、九七ページ。
〔70〕カント『道徳形而上学の基礎づけ』。邦訳は前掲書、段落143、二〇七ページ。
〔71〕同。邦訳は同、段落142、二〇五ページ。
〔72〕同。邦訳は同、段落134、一九七ページ。
〔73〕同。
〔74〕同。邦訳は同、段落153、二二一ページ。
〔75〕同。邦訳は同、段落155、二二三ページ。
〔76〕同。邦訳は同、段落157、二二九ページ。
〔77〕同。邦訳は同、二二八ページ。
〔78〕同。邦訳は段落159、二三一ページ。
〔79〕同。
〔80〕カント『純粋理性批判』B五六二。邦訳は第五分冊、段落623、二三六ページ。
〔81〕同。

〔82〕同。邦訳は同、二三七ページ。
〔83〕同。
〔84〕同、B五六一。邦訳は同、二三六ページ。
〔85〕同、邦訳は同、段落622、二三五ページ。
〔86〕同。
〔87〕同、B八三一。邦訳は第七分冊、段落930、一七四ページ。
〔88〕同。邦訳は同、一七三ページ。
〔89〕同、B八二七。邦訳は同、段落924、一六六ページ。
〔90〕カント『純粋理性批判』B五六九。邦訳は第五分冊、段落630、二四八ページ。
〔91〕カント『道徳形而上学の基礎づけ』。邦訳は前掲書、段落15、二九ページ。
〔92〕カント『純粋理性批判』B八三四。邦訳は第七分冊、段落936、一七八ページ。
〔93〕同。
〔94〕同。
〔95〕同。
〔96〕同、B八四一。邦訳は同、段落948、一九〇ページ。

〔97〕同。邦訳は同、一九〇～一九一ページ。
〔98〕同、B八四〇。邦訳は同、段落945、一八八ページ。
〔99〕同。邦訳は同、一八九ページ。
〔100〕同、B八四一。邦訳は同、段落948、一九一ページ。
〔101〕カント『道徳形而上学の基礎づけ』。邦訳は前掲書、段落113、一六六ページ。
〔102〕同。
〔103〕高峯一愚『カント実践理性批判解説』論創社、一八一ページ。
〔104〕ベック前掲書、一八四ページ。
〔105〕カント『純粋理性批判』B九八。邦訳は第二分冊、段落106、五八ページ。
〔106〕ベックはこれについて三つの解釈を示している。第一は、主体の性格の個別的な善（勇敢であること、寛大であることなど）から生まれる行為についての判断と解釈する。これは人格の道徳性とはあまり関係がないように思える。第二は行為によって影響される条件を考慮にいれる判断と解釈する。訳者はこれを採用する。人格にもっとも重要な帰結をもたらす解釈だからである。第三は、行為が人格にどのような好ましい影響をもたらすかという観点から解釈する。これは人格への

影響を幸と不幸という観点だけから解釈するものであり、あまり適切ではないと思える。

〔107〕カント『純粋理性批判』B一〇〇。邦訳は第二分冊、段落108、六二ページ。

〔108〕カント『判断力批判』序。篠田英雄訳、岩波文庫、上巻、三六ページ。

〔109〕同。

〔110〕カント『純粋理性批判』B一七六。邦訳は第三分冊、段落189、二九ページ。

〔111〕同、B一七七。邦訳は同、段落190、三〇ページ。

〔112〕同。

〔113〕同、B一七九。邦訳は同、段落194、三五ページ。

〔114〕カント『道徳形而上学の基礎づけ』。邦訳は前掲書、段落67、一一二ページ。

〔115〕同、段落69、一一三ページ。

〔116〕この第二の定式における「自然法則」が普遍的で必然的な自然法則であるだけでなく、目的論的な自然を念頭にいれた法則でもあることについては、『道徳形而上学の基礎づけ』の解説、とくに三二三ページ以下を参照されたい。

光文社古典新訳文庫

実践《じっせん》理性《りせい》批判《ひはん》 1

著者　カント
訳者　中山《なかやま》元《げん》

2013年4月20日　初版第1刷発行
2025年3月15日　　　第6刷発行

発行者　三宅貴久
印刷　大日本印刷
製本　大日本印刷

発行所　株式会社光文社
〒112-8011東京都文京区音羽1-16-6
電話　03（5395）8162（編集部）
03（5395）8116（書籍販売部）
03（5395）8125（制作部）
www.kobunsha.com

落丁本・乱丁本は制作部へご連絡くだされば、お取り替えいたします。
ISBN978-4-334-75269-9 Printed in Japan

組版　新藤慶昌堂

いま、息をしている言葉で、もういちど古典を

長い年月をかけて世界中で読み継がれてきたのが古典です。奥の深い味わいある作品ばかりがそろっており、この「古典の森」に分け入ることは人生のもっとも大きな喜びであることに異論のある人はいないはずです。しかしながら、こんなに豊饒で魅力に満ちた古典を、なぜわたしたちはこれほどまで疎んじてきたのでしょうか。

ひとつには古臭い教養主義からの逃走だったのかもしれません。真面目に文学や思想を論じることは、ある種の権威化であるという思いから、その呪縛から逃れるために、教養そのものを否定しすぎてしまったのではないでしょうか。

いま、時代は大きな転換期を迎えています。まれに見るスピードで歴史が動いていくのを多くの人々が実感していると思います。

こんな時わたしたちを支え、導いてくれるものが古典なのです。「いま、息をしている言葉で」――光文社の古典新訳文庫は、さまよえる現代人の心の奥底まで届くような言葉で、古典を現代に蘇らせることを意図して創刊されました。気取らず、自由に、心の赴くままに、気軽に手に取って楽しめる古典作品を、新訳という光のもとに読者に届けていくこと。それがこの文庫の使命だとわたしたちは考えています。

このシリーズについてのご意見、ご感想、ご要望をハガキ、手紙、メール等で翻訳編集部までお寄せください。今後の企画の参考にさせていただきます。
メール　info@kotensinyaku.jp

光文社古典新訳文庫　好評既刊

道徳の系譜学

ニーチェ／中山《なかやま》元《げん》●訳

『善悪の彼岸』の結論を引き継ぎながら、新しい道徳と新しい価値の可能性を探る本書によって、ニーチェの思想は現代と共鳴する。ニーチェがはじめて理解できる決定訳！

ツァラトゥストラ（上・下）

ニーチェ／丘沢《おかざわ》静也《しずや》●訳

「人類への最大の贈り物」「ドイツ語で書かれた最も深い作品」とニーチェが自負する永遠の問題作。これまでのイメージをまったく覆す、軽やかでカジュアルな衝撃の新訳。

この人を見よ

ニーチェ／丘沢《おかざわ》静也《しずや》●訳

精神が壊れる直前に、超人、偶像、価値の価値転換など、自らの哲学の歩みを、晴れやかに痛快に語った、ニーチェ自身による最高のニーチェ公式ガイドブックを画期的新訳で。

人はなぜ戦争をするのか

エロスとタナトス

フロイト／中山《なかやま》元《げん》●訳

人間には戦争せざるをえない攻撃衝動があるのではないかというアインシュタインの問いに答えた表題の書簡と、「喪とメランコリー」、『精神分析入門・続』の二講義ほかを収録。

幻想の未来／文化への不満

フロイト／中山《なかやま》元《げん》●訳

理性の力で宗教という神経症を治療すべきだと説く表題二論文と、一神教誕生の経緯を考察する「人間モーセと一神教（抄）」。後期を代表する三論文を収録。

モーセと一神教

フロイト／中山《なかやま》元《げん》●訳

ファシズムの脅威のなか、反ユダヤ主義の由来について、みずからの精神分析の理論を援用し、ユダヤ教の成立と歴史を考察し、キリスト教誕生との関係から読み解いた「遺著」。

光文社古典新訳文庫　好評既刊

経済学・哲学草稿

マルクス／長谷川《はせがわ》宏《ひろし》・訳

経済学と哲学の交叉点に身を置き、社会の現実に鋭くせまろうとした青年マルクス。のちの『資本論』に結実する新しい思想を打ち立て、思想家マルクスの誕生となった記念碑的著作。

ユダヤ人問題に寄せて／ヘーゲル法哲学批判序説

マルクス／中山《なかやま》元《げん》・訳

宗教批判からヘーゲルの法哲学批判へと向かい、真の人間解放を考え抜いた青年マルクス。その思想的跳躍の核心を充実の解説とともに読み解く。画期的な「マルクス読解本」の誕生。

人間不平等起源論

ルソー／中山《なかやま》元《げん》・訳

人間はどのようにして自由と平等を失ったのか？　国民がほんとうの意味で自由で平等であるとはどういうことなのか？　格差社会に生きる現代人に贈るルソーの代表作。

社会契約論／ジュネーヴ草稿

ルソー／中山《なかやま》元《げん》・訳

「ぼくたちは、選挙のあいだだけ自由になり、そのあとは奴隷のような国民なのだろうか」。世界史を動かした歴史的著作の画期的新訳。本邦初訳の「ジュネーヴ草稿」を収録。

自由論

ミル／斉藤《さいとう》悦則《よしのり》・訳

個人の自由、言論の自由とは何か。本当の「自由」とは。二十一世紀の今こそ読まれるべき、もっともアクチュアルな書。徹底的にわかりやすい訳文の決定版。（解説・仲正昌樹）

市民政府論

ロック／角田《つのだ》安正《やすまさ》・訳

「私たちの生命・自由・財産はいま、守られているだろうか？」。近代市民社会の成立の礎となった本書は、自由、民主主義を根源的に考えるうえで今こそ必読の書である。